Gestão e liderança

Central de Qualidade — FGV Management
ouvidoria@fgv.br

PUBLICAÇÕES
FGV Management

SÉRIE CADEMP

Gestão e liderança

Márcia Furtado de Mendonça
Damáris Vieira Novo
Rosangela de Carvalho

FGV cademp

FGV EDITORA

Direitos desta edição reservados à
EDITORA FGV
Rua Jornalista Orlando Dantas, 37
22231-010 — Rio de Janeiro, RJ — Brasil
Tels.: 0800-021-7777 — 21-3799-4427
Fax: 21-3799-4430
editora@fgv.br — pedidoseditora@fgv.br
www.fgv.br/editora

Impresso no Brasil/*Printed in Brazil*

1ª edição — 2011; 1ª reimpressão — 2012; 2ª e 3ª reimpressões — 2013; 4ª e 5ª reimpressões — 2014.

Preparação de originais: Sandra Frank
Editoração eletrônica: FA Editoração Eletrônica
Revisão: Adriana Alves | Paulo Telles Ferreira
Capa: aspecto:design

Ficha catalográfica elaborada pela
Biblioteca Mario Henrique Simonsen/FGV

Mendonça, Márcia Furtado de
Gestão e liderança / Márcia Furtado de Mendonça, Damáris Vieira Novo, Rosangela de Carvalho. – Rio de Janeiro: Editora FGV, 2011.
168 p. – (Série Cademp (FGV Management))

Publicações FGV Management.
Inclui bibliografia.
ISBN: 978-85-225-0945-4

1. Liderança. 2. Administração de empresas. I. Novo, Damáris Vieira. II. Carvalho, Rosangela de. III. Fundação Getulio Vargas. IV. FGV Management. V. Título. VI. Série.

CDD – 658.4092

Aos nossos alunos e aos nossos colegas docentes, que nos levam a pensar e repensar nossas práticas.

Às nossas famílias e amigos, pelo incentivo e compartilhamento.

Aos "Pedros" da nossa vida, pelo aprendizado no caminho pessoal e profissional.

Sumário

Apresentação

Este livro compõe as Publicações FGV Management, programa de educação continuada da Fundação Getulio Vargas (FGV).

Instituição de direito privado com mais de meio século de existência, a FGV vem gerando conhecimento por meio da pesquisa, transmitindo informações e formando habilidades por meio da educação, prestando assistência técnica às organizações e contribuindo para um Brasil sustentável e competitivo no cenário internacional.

A estrutura acadêmica da FGV é composta por oito escolas e institutos: a Escola Brasileira de Administração Pública e de Empresas (Ebape), dirigida pelo professor Flavio Carvalho de Vasconcelos; a Escola de Administração de Empresas de São Paulo (Eaesp), dirigida pela professora Maria Tereza Leme Fleury; a Escola de Pós-Graduação em Economia (EPGE), dirigida pelo professor Rubens Penha Cysne; o Centro de Pesquisa e Documentação de História Contemporânea do Brasil (Cpdoc), dirigido pelo professor Celso Castro; a Escola de Direito de São Paulo (Direito GV), dirigida pelo professor Ary Oswaldo

Mattos Filho; a Escola de Direito do Rio de Janeiro (Direito Rio), dirigida pelo professor Joaquim Falcão; a Escola de Economia de São Paulo (Eesp), dirigida pelo professor Yoshiaki Nakano; o Instituto Brasileiro de Economia (Ibre), dirigido pelo professor Luiz Guilherme Schymura de Oliveira. São diversas unidades com a marca FGV, trabalhando com a mesma filosofia: gerar e disseminar o conhecimento pelo país.

Dentro de suas áreas específicas de conhecimento, cada escola é responsável pela criação e elaboração dos cursos oferecidos pelo Instituto de Desenvolvimento Educacional (IDE), criado em 2003 com o objetivo de coordenar e gerenciar uma rede de distribuição única para os produtos e serviços educacionais da FGV, por meio de suas escolas. Dirigido pelo professor Clovis de Faro e contando com a direção acadêmica do professor Carlos Osmar Bertero, o IDE engloba o programa FGV Management e sua rede conveniada, distribuída em todo o país (ver www.fgv.br/fgvmanagement), o programa de ensino a distância FGV Online (ver www.fgv.br/fgvonline), a Central de Qualidade e Inteligência de Negócios e o Programa de Cursos Corporativos In Company. Por meio de seus programas, o IDE desenvolve soluções em educação presencial e a distância e em treinamento corporativo customizado, prestando apoio efetivo à rede FGV, de acordo com os padrões de excelência da instituição.

Este livro representa mais um esforço da FGV em socializar seu aprendizado e suas conquistas. Ele é escrito por professores do FGV Management, profissionais de reconhecida competência acadêmica e prática, o que torna possível atender às demandas do mercado, tendo como suporte sólida fundamentação teórica.

A FGV espera, com mais essa iniciativa, oferecer a estudantes, gestores, técnicos – a todos, enfim, que têm internalizado o conceito de educação continuada, tão relevante nesta era do conhecimento – insumos que, agregados às suas práticas, possam contribuir para sua especialização, atualização e aperfeiçoamento.

Clovis de Faro
Diretor do Instituto de Desenvolvimento Educacional

Ricardo Spinelli de Carvalho
Diretor Executivo do FGV Management

Sylvia Constant Vergara
Coordenadora das Publicações FGV Management

Introdução

O objetivo deste livro é oferecer a você, leitor, uma oportunidade de aprendizado e reflexão sobre a prática da liderança e o uso de ferramentas fundamentais para obter sucesso na condução de equipes e negócios. Para buscar alcançá-lo, as autoras optaram por contar uma história fictícia: o processo de sucessão da fábrica Tecnologia em Embalagens S.A. (Embatec). Poderia até ser uma história real, porque os temas tratados, em seis capítulos, abordam situações e preocupações vividas por líderes e suas equipes em empresas contemporâneas. O dia a dia em uma fábrica de embalagens retrata dilemas, erros, aprendizados e ensinamentos, permeados por desafios, dúvidas e muito diálogo, sob o comando de um líder ciente do que faz e de como o faz.

Sabe-se, hoje, que levar uma empresa adiante, com todas as oportunidades e riscos, requer de qualquer gestor mais do que competências técnicas. Ele precisa de coragem e perseverança; precisa estimular equipes a transformar o seu negócio naquilo que o cliente quer ou procura; naquilo que o cliente, às vezes, nem sabe exatamente o que é.

Internamente à empresa, um líder cuida de pessoas, de processos, de negócios. Cuida de si próprio, de sua postura e de seu controle emocional. Seu cotidiano, normalmente, é repleto de reuniões, acompanhamento de indicadores, atendimento às equipes e tomadas de decisão. Tudo isso lhe traz bastante satisfação, quando vai bem. No entanto, como há múltiplas e diferenciadas situações, surgem dúvidas e inseguranças a todo momento. Mesmo para um gestor capacitado e experiente. Dúvidas geram perguntas: será que tomei a decisão correta? O quanto esta decisão irá impactar os negócios da empresa? E as pessoas que dela fazem parte? Qual o caminho a seguir? Está na hora ou já passou o momento de este produto ser lançado? Qual será sua aceitação no mercado? Como divulgar a notícia à força de trabalho? Vamos expandir ou manter?

Perguntas buscam respostas. Segundo Cortella (2009), a inteligência está em ter dúvidas, porque é aí que se cresce. Isso não é diferente quando se assume uma posição de liderança! Aliás, quanto mais subimos na pirâmide organizacional, menos temos certezas. Afinal, lidamos com a incerteza o tempo todo.

É o que acontece com os personagens da história que ora se inicia. Eles sabem que quanto maior a complexidade de um problema, maiores serão as dificuldades na escolha das melhores soluções. E quanto mais rigorosos forem os princípios e os valores éticos do decisor, mais conflitos poderão ser gerados internamente, com as equipes, pares e superiores.

O primeiro capítulo do livro introduz a história, que se passa em um ambiente fabril com gestão compartilhada e flexível. Reforça a importância de os líderes estarem preparados para vencer desafios de gestão, serem efetivos e persistentes em seus resultados e buscarem constantemente o autodesenvolvimento. O capítulo também apresenta conceitos de competência como base para a gestão contemporânea de pessoas, reforça a importância do autoconhecimento e incentiva a participação e a criatividade em um processo decisório compartilhado.

O capítulo dois apresenta as diferenças conceituais entre chefiar e liderar. Discorre sobre conceitos e propõe ajustes da teoria à prática, em um exemplo vivido, na história, por um dos supervisores da fábrica. Demonstra a importância de se ouvir e de se dedicar tempo e atenção às equipes.

No terceiro capítulo você vai conhecer um episódio, narrado como um desafio para o personagem, que destaca o aprendizado e a avaliação das competências – planejamento, organização e delegação – como fatores críticos para o sucesso do trabalho de qualquer gestor. Ressalta que todo líder deve agir de forma intencional, ter um plano, um propósito e deliberar sobre ele, e que delegação não se traduz por abandono.

A comunicação e o estímulo à motivação são os assuntos do capítulo quatro, que apresenta uma série de situações, vividas pelos personagens, que nos levam a compreender a importância da comunicação e do clima organizacional saudável, bem como o impacto de ambos na motivação e no relacionamento interpessoal. Da mesma forma, aponta para o líder como um gestor que deve integrar e promover o desenvolvimento de equipes, dar exemplos e reconhecer as diferenças e as necessidades individuais como impulsionadoras da motivação. A importância da inovação no contexto também é considerada.

No quinto capítulo, aborda-se o aprendizado contínuo como fator de crescimento, bem como os itens do processo de criação – comemoração, relaxamento, insatisfação, ação (Cria). A gestão de desperdícios, a responsabilidade social e a preservação do meio ambiente são os temas que irão nortear o projeto a ser desenvolvido pela equipe, sob a orientação de seu líder. São tratados com destaque o papel do líder como um eterno aprendiz e multiplicador do aprendizado, bem como o uso do ciclo de melhoria contínua (PDCA) – *plan* (planejar), *do* (fazer), *check* (verificar), *action* (agir) – como ferramenta diferencial para promover o ciclo de aprendizado e melhoria.

O sexto capítulo apresenta um resumo dos desafios e a geração do aprendizado, convergindo para o reforço das competências de gestão. E é nesse capítulo que a história da Embatec chega ao fim, de forma surpreendente.

Finalmente, são apresentadas conclusões sobre os principais conceitos apresentados nesta história.

Esperamos que você encontre, na narrativa, conceitos e oportunidades de reflexão e aprendizado sobre questões acerca da liderança e da condução de equipes para o alcance de resultados. Esperamos, também, que a *história* da Embatec seja inspiradora para a realização de suas próprias aspirações.

1

Gestão e liderança compartilhadas

Neste capítulo inicia-se a história de um líder que compartilha decisões e respeita sua equipe. Qualquer semelhança com o mundo real não é mera coincidência. Gestores, líderes e profissionais se deparam com histórias como esta, continuamente, nas instituições e em suas vidas.

A Embatec é uma fábrica de embalagens em que a prática da gestão e da liderança acontece de forma flexível e compartilhada. O capítulo apresenta conceitos de competência como base para a gestão contemporânea de pessoas e incentiva a participação e a criatividade em um processo decisório compartilhado.

Dilema de líderes: o problema da sucessão

Quando completou 60 anos, sem herdeiros, o megaempresário de embalagens, sr. Oliveira, se deu conta de que precisava buscar alguém para assumir, gradativamente, o seu lugar. Naturalmente, ele também percebeu que já deveria ter pensado nisso. Sim, há pelo menos 10 anos.

"Todo líder bem-sucedido tem de preparar um sucessor", pensou. Afinal, um processo de sucessão é complexo e não se faz de uma hora para outra. Isso leva tempo, precisa de critérios para escolha, levando-se em conta as competências dos candidatos e as da organização.

Todo líder deve estar atento à sua equipe e à preparação de seu sucessor.

Cada vez mais este pensamento o acompanhava. Como faria então? Na estrutura organizacional da fábrica Tecnologia em Embalagens S.A., a Embatec, não havia vice-presidente. A presidência e a diretoria sempre deram conta dos desafios estratégicos que se apresentavam. Sr. Oliveira decidiu, assim, escolher alguém para ocupar o cargo de vice-presidente e, gradativamente, prepará-lo para a sucessão presidencial.

É isso! Escolheria alguém com potencial. Desenharia um programa de capacitação de dois anos para desenvolvê-lo como vice-presidente e, ao longo de cinco anos, ele assumiria a presidência.

Sr. Oliveira foi além em sua ideia. Aos 67 anos iria presidir o conselho de administração por mais cinco anos, período em que ficaria acompanhando, como gestor, o desempenho do escolhido. Dessa forma, teria mais tempo para fazer o que gosta: descansar em sua fazenda e, em meio à natureza, aproveitar o tempo para cuidar de seus investimentos pessoais, como a criação de gado, que tanto lhe dá prazer.

Para colocar seu plano em ação, sr. Oliveira tinha como alternativas: buscar alguém no mercado externo ou formar internamente seu sucessor. "Recrutar alguém de fora da empresa?", pensou. Não, essa possibilidade já estava descartada. Até porque ele gostaria de premiar um membro da sua equipe. Afinal, ao longo dos 28 anos em que esteve à frente da empresa, observou que muitos empregados se destacavam pelo ganho de conhecimentos e de habilidades, como as de liderar e delegar, ou por suas atitudes de comprometimento, confiança na empresa e motivação.

Porém, quem seria? Os diretores tinham idades próximas ou superiores à sua. A maior parte da diretoria era composta por pessoas indicadas por seu pai, condição imposta pelo velho Oliveira quando conseguiu um financiamento para o filho iniciar a empresa. Todos eles pretendiam, gradativamente, diminuir o ritmo de trabalho até a aposentadoria. Exceção feita à Suzy, pelo seu papel estratégico como diretora de Recursos Humanos (RH) e cujo sonho era fazer doutorado na Europa, acompanhando o marido. Além disso, estava ciente de que a formação de alguém mais jovem traria "um novo gás" à empresa.

Depois de alguns dias de conflito interno, sr. Oliveira listou potenciais candidatos. Solicitou à área de RH que, sigilosamente, mapeasse as competências de gestão de alguns de seus gerentes, e também de outros profissionais entre os muitos em que confiava. Pediu, também, o resultado das avaliações de desempenho. Juntou tudo isso à sua própria percepção, naturalmente aguçada pela experiência e pela idade.

Após seis meses de observação dos pré-escolhidos, e uma cuidadosa análise de cada um, sr. Oliveira decidiu consultar sua equipe direta: os diretores. Afinal, como líder, daria o direcionamento, mas não decidiria sozinho. Uma das características de destaque do perfil de liderança do sr. Oliveira é saber que a análise compartilhada dos problemas é o caminho mais eficaz. Em geral, sr. Oliveira tem por hábito dar o direcionamento, mas toma suas decisões com base na análise realizada em conjunto com a diretoria. Assim, marcou uma reunião extraordinária com a mesma. Precisava dar início ao processo sucessório imediatamente.

Sob os olhares curiosos de todos, e apreensivos de alguns, sr. Oliveira iniciou a reunião. Relatou o seu dilema e o que pretendia, e ofereceu a oportunidade à diretoria. Conforme imaginava, nenhum dos membros se candidatou à sucessão. Cada um apresentou a sua razão, todas compreendidas e aceitas pelo presidente.

Sr. Oliveira, então, passou à segunda parte da pauta. Apresentou potenciais substitutos em uma lista em ordem alfabética. Foi a maneira que encontrou de não demonstrar sua preferência por um ou por outro candidato.

Lista confidencial
Ana Maria – Comercial
Augusto – Comercial
Beatriz – Logística
Cristóvão – Financeiro
Gustavo – Financeiro
Marcos – Planejamento
Pedro – Produção

Seus diretores o apoiaram de imediato, inclusive com relação a realizar uma escolha interna e a preparar alguém em quem confiassem para liderar a empresa. Deveria ser alguém mais jovem, mas com competências de gestão para a liderança.

Chegaram ao consenso de que dois anos seriam suficientes para capacitar o candidato e, ao final deste tempo, promovê-lo a vice-presidente.

"É", pensou Suzy, "como diretora de RH tenho um bom desafio pela frente!"

A atitude do presidente despertou a alta direção para algo em que eles não tinham pensado: como também eles eram líderes e gestores, este não era um problema apenas do presidente.

Fábio, o diretor administrativo-financeiro, logo se pronunciou:

– Oliveira, nenhum de nós preparou sucessores. Isso é grave. Em qualquer organização, tudo acontece de forma interdependente. O que afeta um departamento, por exemplo, afeta a organização como um todo.

E, desta vez, não seria diferente. Todos conheciam bem o contexto em que se inseria a empresa e as características dos produtos e das equipes que os fabricavam, comercializavam e distribuíam. Era o futuro da empresa que estava em jogo.

> Os dilemas de um líder devem ser compartilhados. De repente, ele percebe que suas angústias também são as de seus pares. E que, isoladamente ou em conjunto, suas angústias e decisões podem afetar a empresa como um todo.

– Como não pensamos nisso antes? – perguntou sr. Zé, o experiente diretor industrial, quase um pai para Oliveira Jr. desde que o velho Oliveira se fora.

– Claro que pensamos – retrucou Suzy. – Como diretora de RH, sempre alerto vocês para a necessidade de agirmos com relação a isso. Acontece que toda comunicação deve ser feita em mão dupla. Parece que às vezes falo sozinha!

– Bem, em uma coisa estamos de acordo – acrescentou Luiz, o diretor comercial. – Vamos identificar alguém internamente. Suzy sempre fala que o reconhecimento de pessoas pelo seu desempenho é fator de retenção na empresa.

– Concordo plenamente. Se vamos formar alguém, e se temos dois anos para isso, precisamos pensar em reter esse alguém. De nada adianta treiná-lo e perdê-lo para o mercado – adverte Suzy.

– Ok. O que faremos, então? – perguntou sr. Oliveira.

Suzy assumiu o controle da reunião:

– Concordo com o sr. Oliveira. Vamos selecionar alguém internamente, mas a sugestão é que a pessoa vá trabalhando com ele como vice-presidente e, gradativamente, vá se familiarizando com o dia a dia conturbado de um presidente. Ao longo desse tempo, teremos como avaliá-lo, bem como solicitaremos que preencha autoavaliações periódicas. Afinal, devemos sempre estar nos avaliando e aprendendo com nossos acertos e erros. Ah! uma coisa não podemos esquecer: é preciso que o escolhido tenha o desejo de assumir a presidência em um futuro não muito distante.

– Ótimo, Suzy! – exclamou sr. Oliveira. – Estão todos de acordo?

Uma vez acordados, decidem, então, marcar reuniões todas as segundas-feiras, após o expediente. E a primeira já seria naquele mesmo dia. A agenda com a pauta da reunião foi distribuída a todos.

Primeira reunião

Agenda
Objetivo: preparação de sucessores.
Classificação da reunião: confidencial.
Convidados: presidência e diretoria.

Pauta
1. Analisar a documentação levantada pelo presidente e pela diretora de RH referente aos potenciais sucessores.
2. Definir a metodologia de escolha do sucessor.
3. Definir próximos passos.

Por volta das 18h, a sala de reuniões da presidência recebe seus primeiros ocupantes. Sheyla, a eficiente secretária do sr. Oliveira durante os últimos 10 anos e funcionária de sua extrema confiança, deixou preparado um café quentinho e encomendou aqueles biscoitinhos que, segundo ela, tinham uma ação relaxante. De acordo com sua teoria, enquanto as pessoas os mastigavam, mantinham a boca ocupada, não brigavam nem falavam bobagens.

"Na próxima segunda-feira", pensou, "farei um bolo de milho; milho não, maracujá."

A reunião transcorreu em clima de muita excitação. Foram tomadas decisões importantes, sempre sob a batuta do líder, sr. Oliveira. A ata de reunião foi redigida.

Ata da primeira reunião

A diretoria tomou conhecimento dos profissionais indicados.
Dos nomes sugeridos, dois foram escolhidos, em ordem de prioridade:
1º – Pedro – gerente de produção, formado em engenharia de produção. Vem-se destacando pela forma como coordena os projetos da empresa, bem como as pessoas que deles fazem parte.
2º – Gustavo – gerente financeiro, formado em economia. Destaca-se pela visão geral que tem da empresa, contribuindo para o desenvolvimento de trabalhos em diversos setores. Seu interesse pelo negócio e forte articulação com a comunidade financeira são reconhecidos por todos.
Foi decidido:

1. Os respectivos diretores dos candidatos concordam e apoiam a participação de seus subordinados, candidatos ao processo seletivo de sucessão.
2. Os dois candidatos deverão passar por processo de avaliação. Deverão ser expostos a desafios de mesmo grau de complexidade, porém serão acompanhados por pessoas diferentes: sr. Oliveira irá acompanhar o desempenho de Pedro e Suzy irá acompanhar o desempenho de Gustavo.
3. Os candidatos não serão informados, antecipadamente, sobre o processo de avaliação e seleção, nem qual o propósito deste.
4. O processo seletivo se dará no dia a dia de trabalho dos candidatos, com base no desempenho e resultados apresentados.
5. Cada membro da diretoria deverá preparar, para a próxima reunião, sugestões de como se dará o processo de seleção interna.
6. Suzy deverá analisar com mais atenção as informações dos dois candidatos e apresentar um relatório na próxima reunião.
7. Tendo em vista ser um processo diferenciado e mais criativo, sr. Oliveira aceitou a sugestão de envolver Fernando, gerente de marketing, de inteira confiança do diretor comercial e seu subordinado. Laura (assistente do RH) também está autorizada a participar do processo de avaliação dos indicados.

As reuniões acontecerão todas as segundas-feiras, sempre às 18h, e terão caráter confidencial.

Todos deixaram a reunião com um sentimento de agitação, euforia e ansiedade. Era necessário alcançar um bom resultado no processo de escolha do sucessor. Tinham a consciência de que o tempo, na verdade, era o maior inimigo. A escolha errada de um sucessor poderia colocar em risco todo o investimento realizado ao longo de tantos anos.

Sr. Oliveira era um líder experiente e, em meio a todos estes sentimentos, tinha certeza de que não deveria ser influenciado pelas emoções. A razão só se manifestaria com mais força após algum tempo; por isso deveria aguardar para avaliar com imparcialidade os resultados dessa reunião. Uma boa noite de sono lhe traria o equilíbrio entre razão e emoção, e isso faria com que seus pensamentos e conclusões tivessem mais qualidade. Pensando nisso, foi para casa.

A importância de refletir, organizar e comunicar

Na manhã seguinte, sr. Oliveira acordou e, com muito mais equilíbrio, pensou sobre a reunião do dia anterior. Ficou satisfeito. Afinal, conseguira refletir, organizar e comunicar o que pretendia. E o mais importante: havia provocado motivação e comprometimento da equipe. Aguardou ansioso pela próxima reunião para conhecer os resultados iniciais.

Já Fernando, gerente de marketing, foi dormir bem tarde, depois do telefonema que recebeu de seu diretor, Luiz, relatando-lhe o desafio de criação e exigindo sigilo absoluto. Fernando estava certo de que não gostaria de chegar à presidência. Não era seu perfil trabalhar com problemas de faturamento, infraestrutura da fábrica, problemas na linha de montagem. Nada disso o atraía. Na verdade, ele era fascinado por aquilo que fazia: marketing.

Assim, ao desligar o telefone, foi imediatamente pensar em uma forma de gerar situações criativas para o processo seletivo acontecer. Decidiu aproveitar o silêncio da noite para refletir e organizar seus pensamentos. Na reunião, sua meta seria surpreender o presidente e toda a diretoria.

Pela manhã, ao chegar à sua sala de trabalho, Suzy olhou para a pasta verde, com tarja "confidencial", onde estavam organizadas as documentações dos candidatos. Separou a papelada que pertencia a cada um dos dois candidatos. Considerou a necessidade de conhecer o desempenho de ambos, bem como os respectivos potenciais de crescimento. "De nada adianta uma possibilidade de evolução na carreira, se não houver competências para sustentá-la no futuro", pensou.

Na pasta, ela verificou:

Confidencial

Documentos do dossiê

- Ficha de inscrição preenchida ao se candidatar à empresa
- Currículo atualizado até a data de admissão
- Testes realizados no processo seletivo para admissão na organização
- Certificados de conclusão de cursos regulares e complementares
- Exames médicos periódicos
- Testes e avaliações realizadas nos treinamentos internos
- Três últimas avaliações de desempenho
- Histórico detalhado do desenvolvimento (promoções e progressões) e avaliações na organização
- Elogios formais ao empregado – recebidos de diretores, clientes e fornecedores
- Histórico de advertências ou suspensões formais (não há, no caso de Pedro e Gustavo)

Suzy lembrou-se de que tinha de dedicar um bom tempo para fazer uma análise criteriosa do material e pensar na forma como conduziria o processo seletivo interno, além de elaborar, rapidamente, um plano de capacitação, a partir das ideias de Luiz. No entanto, decidiu que ficaria para depois.

Laura, seu braço direito, já a aguardava na porta com uma lista de problemas importantes e urgentes. Parece que a semana já começava quente.

O corre-corre de sempre do sr. Zé, como diretor industrial, não permitiu qualquer planejamento. Aliás, era do que ele mais reclamava. À frente da área industrial, tornava-se difícil planejar, organizar e, simultaneamente, cuidar do operacional. Na verdade, achava-se velho e cansado para isso. "Deixe os mais novos pensarem; depois eu os ajudo a decidir", pensava.

A semana passa rapidamente, como sempre, e outra se inicia.

Na sala de reuniões, às 18h daquela segunda-feira, todos foram surpreendidos com o carinho e a dedicação de Sheyla. Além do café quentinho, um bolo de maracujá os aguardava.

A reunião se iniciou e a palavra foi concedida a Fernando.

O gerente de marketing ligou o projetor, o computador e apresentou seu plano. A seleção aconteceria em etapas, com caminhos a serem percorridos, como em um *videogame*. A apresentação inicial já incitou a troca de olhares, com perplexidade, entre os diretores.

Fernando, percebendo as reações ao seu redor, prosseguiu:

– Será fácil compreender! Os candidatos serão avaliados por meio de desafios com equivalência de complexidade. Durante a avaliação, o jogo virtual será utilizado para trabalhar conceitos importantes, ou ajudar o candidato a refletir sobre as situações apresentadas, provocando a tomada de decisão ou a iniciativa para realização dos objetivos. Cada um dos candidatos deverá ser acompanhado por um de nós. Assim será possível adequar as informações às necessidades individuais deles. Todos poderão participar, levando informações importantes que possam auxiliar no processo de acompanhamento. Sugiro que o sr. Oliveira seja responsável por interagir com Pedro, gerenciando o jogo virtual, suas dicas e desafios. Suzy poderá fazer o mesmo em relação ao Gustavo. Os desafios estarão inseridos na rotina de trabalho de cada um, de forma que eles não perceberão o processo.

A sugestão dos dois nomes, sr. Oliveira e Suzy, foi aceita de imediato por todos os presentes.

Suzy apresentou uma dúvida importante:

– Creio que a ideia é ótima, mas como faremos para que eles interajam com um jogo virtual? Como comunicar isso a eles? Como o faremos sem que percebam que é uma avaliação?

– Perfeito, Suzy. Fiquei pensando sobre isso por várias horas e me parecia mesmo impossível. No entanto, encontrei uma proposta de solução. O RH poderá passar, informalmente, uma indicação de acesso ao site do jogo com uma sugestão de adesão para o desenvolvimento profissional deles. A indicação poderia sugerir que o jogo vem sendo utilizado por algumas empresas com relativo sucesso. Isso já seria um primeiro grande teste. É muito importante que o nosso futuro vice-presidente tenha estímulo por seu autodesenvolvimento e que, no mínimo, se interesse por conhecer os canais de desenvolvimento profissional sugeridos por um profissional de RH.

Os olhos de Suzy estavam brilhando:

– Bárbaro! Tenho certeza de que Pedro e Gustavo terão essa iniciativa. Eles são curiosos e gostam de pesquisar e de obter informações para o seu crescimento.

– Continuando – retomou Fernando –, é importante ressaltar que cada candidato somente iniciará um novo desafio quando tiver cumprido o anterior. O que eu quero dizer é que, a cada desafio, eles serão avaliados e só passarão para o próximo se tiverem concluído o anterior.

– Melhor ainda – disse Laura, que participa de todas as reuniões com Suzy –, se tivermos certeza de que ele aprendeu e está apto a utilizar os conhecimentos inseridos em cada desafio. Se não houver geração de aprendizado, de nada adiantará. O candidato pode vencer um desafio por sorte ou coincidência de momento, mas isso não garantirá a consistência da liderança para promover soluções por meio de gestão de processos e equipes.

– Você está certa, Laura – aprovou Suzy. – Lembre-me de pensarmos juntas em um instrumento para avaliá-los periodicamente.

– Muito bom – continuou Fernando. – Conforme mencionado, sr. Oliveira direcionará as tarefas e criará as situações, sob a orientação da diretora Suzy, que, em conjunto com Laura, acompanhará e registrará os desempenhos e fará as correções de rumo, tendo sr. Oliveira como mediador.

Fernando, então, sugeriu um jogo contendo desafios para alcançar as competências esperadas de um líder. Deixou claro que precisará da ajuda de todos para defini-las. Afinal, tinha consciência de que, além dos objetivos, a cultura da organização iria impactar as escolhas das competências. Ele, como o mais novo da equipe de gerentes, não conhecia todos os valores, as regras, os mitos e os ritos que compunham a cultura da empresa, mas sabia que receberia ajuda.

– Precisaremos, então, definir que tais competências são essas – retrucou sr. Zé.

– É, pelo que eu entendi, cada desafio vai refletir uma competência. É isso? Não pode ser! Assim, está muito confuso! Acho que não vai dar certo! – disse Fábio, diretor administrativo-financeiro.

Luiz interveio:

– Sr. Zé está correto. Ou seja, se não soubermos para onde queremos ir, qualquer lugar serve. Se não definirmos as competências, não saberemos o que queremos.

A discussão recomeçou. Por um instante Suzy perdeu o controle. Não sabia mais quem perguntava, quem respondia, quem reclamava e, é claro, não conseguiu, sequer, dizer o que seriam competências!

– Vamos por partes – interferiu sr. Oliveira. – Assim que o Fernando terminar, poderemos definir quais serão as competências de gestão. Sem organização, não se chega a nada. Continue com sua ideia, Fernando.

– Estes desafios se apresentarão em forma de jogo. Faremos uma caixa igual a uma de nossas embalagens, só que virtual, aparentemente sem abertura. Um quadrado fechado contendo inscrições externas. Serão as palavras-chave. Os candidatos deverão desvendá-las. Os desafios estarão relacionados à rotina da organização. O jogo oferecerá um suporte, em forma de consultas, que auxiliará os candidatos a encontrar as respostas. Será também uma forma anônima de interagirmos com os candidatos. As experiências propostas gerarão o conhecimento e as habilidades de que eles precisam para entender e aprender com seus erros e acertos.

Sr. Oliveira interveio:

– A ideia é ótima, mas só quando eles obtiverem a atitude necessária para enfrentar o problema é que o jogo continuará. De nada adiantará os candidatos demonstrarem conhecimentos e habilidades para liderar se não houver atitude da parte deles.

As competências como base para a gestão

Suzy estava maravilhada. Sr. Oliveira acabava de demonstrar que toda competência só se consolida quando é efetivamente aplicada. Eles poderiam obter todo o conhecimento para ser vice-presidente ou presidente, desenvolver habilidades para liderar e não querer lidar com pessoas.

> **Competências** = conhecimentos + habilidades + atitudes (CHA)
>
> As competências individuais são representadas pelo conjunto de conhecimentos, habilidades e atitudes que cada pessoa mobiliza ao executar uma atividade.
> "Combinações sinérgicas de conhecimentos, habilidades e atitudes, expressas pelo desempenho profissional dentro de determinado contexto organizacional, que agregam valor a pessoas e organizações" (Carbone et al., 2005:43).

– Como isto é possível? – pergunta Fábio.

Sr. Oliveira não deixou Fernando responder. Ele mesmo explicou que o candidato teria de sair de sua zona de conforto, quebrar paradigmas, vencer obstáculos, desenvolver as tais competências e se preparar para novos desafios.

– Que tipo de desafios os candidatos, como líderes e gestores, deverão enfrentar? – questionou sr. Zé.

– Desafios de superação, com ganhos de competências, que devem ser vencidos dentro do nosso prazo. Desafios mais complexos levarão mais tempo para se consolidar, outros durarão de dois a três meses – explicou o gerente de marketing. – Porém, todos eles deverão acontecer no período de dois anos. Ao final, ele estará preparado para ser vice-presidente, iniciando a trajetória de sucessão.

– Sugiro que a gente defina logo; aliás, vocês é que vão definir quais serão essas tais competências, porque eu não entendo nada disso – esbravejou sr. Zé. E continuou: – Eu estou cheio de problemas na manutenção da linha 2 de montagem e vocês ficam inventando coisas, brincando de joguinho de palavras!

Todos riram. Sr. Zé estava sério, pensando que felizmente máquinas não falam e muito menos fazem reuniões depois do expediente.

Suzy não se continha de curiosidade:

– Como se dará o jogo? Como saberemos se Pedro ou Gustavo estará preparado?

– Quando eles obtiverem as competências de gestão – respondeu Laura.

– Aí vêm vocês de novo com isso! Resolvam logo! – retrucou sr. Zé.

Suzy assumiu a palavra.

– Ele tem razão. Vou começar explicando, rapidamente, o que significa cada elemento da competência "CHA". Por falar em chá, na falta dele, vou pegar um café para me estimular a falar.

Enquanto tomava seu café, pediu que Laura localizasse, em seu computador, um *slide* de uma apresentação sobre competências. Suzy começou a falar, sob a atenção de todos.

Conhecimento – "O conhecimento [...] se adquire estudando, seja em sala de aula, em casa, sozinho ou em grupo. A única maneira de adquirir um conhecimento é pelo estudo" (Boog, 2001:39).
Habilidades – "Habilidades se desenvolvem por meio de exercício. Isto vale tanto para habilidades motoras (por exemplo, dirigir uma empilhadeira) como para intelectuais [...] e afetivas, como negociar, atender um cliente, incentivar pessoas etc." (Boog, 2001:40).
Atitudes – "As atitudes são respostas de natureza predominantemente inconsciente e são estabelecidas nas interações com o outro semelhante. [...] As atitudes são passíveis de desenvolvimento, entretanto não podem ser apreendidas, nem avaliadas diretamente. As mudanças de atitudes são de ordem subjetiva e só podem ser dimensionadas por meio da mensuração das competências" (Novo et al., 2008:30-31).

– Entendi o que são competências, mas o que são competências de gestão? – perguntou Luiz.

– São as competências que o profissional mobiliza ao exercer uma determinada atividade de gestão. Você, por exemplo, como diretor comercial, mobiliza suas habilidades (H) para lidar com a equipe, para negociar com nossos fornecedores; conhece (C) as técnicas de vendas e tem perseverança (A) para disputar mercado e fechar venda.

– Alguém tem dúvida? – perguntou sr. Oliveira. – Então, vamos prosseguir. Quais serão as competências de gestão dos nossos candidatos?

Discutiram bastante. Utilizaram, para isto, a lista de competências humanas (quadro 1) encontrada em Dutra (2004), e a puseram em ordem alfabética, para não indicar ordem de importância.

Quadro 1

COMPETÊNCIAS HUMANAS

❑ Absorção e transferência de conhecimentos ❑ Aprimoramento de processos e produtos ❑ Articulação interna e externa ❑ Autoconfiança ❑ Capacidade de inovação ❑ Comprometimento ❑ Comunicação ❑ Delegação ❑ Empreendedorismo ❑ Gestão de pessoas ❑ Gestão de prazos ❑ Iniciativa	❑ Liderança ❑ Motivação do líder e estímulo à motivação da equipe ❑ Multifuncionalidade ❑ Orientação para custos e qualidade ❑ Pensamento analítico ❑ Perseverança ❑ Planejamento ❑ Relacionamento interpessoal ❑ Resolução de problemas ❑ Responsabilidade ❑ Trabalho em equipe ❑ Utilização de dados e informações técnicas

Fonte: Dutra (2004), com adaptações.

Combinaram que cada um iria pensar melhor sobre a lista e que, inicialmente, a limitariam ao máximo de seis competências mais direcionadas à gestão. Acordaram que muitas daquelas competências já estavam presentes em ambos os candidatos, como as habilidades de liderar e de resolver problemas e a atitude de comprometimento. Mesmo assim, seriam reforçadas, por meio de desafios, as habilidades de liderar e chefiar e enfatizadas suas diferenças. Definiram, também, que cada um mandaria um e-mail para Laura com as sugestões de competências.

– Ok – disse sr. Oliveira. – No entanto, não abro mão da motivação do líder e de sua capacidade de gerar motivação na equipe. Incluam motivação.

> Um gestor deve ser capaz de estar atento à sua motivação e à de seus liderados.

Sr. Oliveira continuou:

– Com o desenvolvimento das competências, vontade e comprometimento, o escolhido será capaz de liderar, de se comunicar de forma adequada, saberá planejar e delegar. Aliás, conhecendo a si mesmo ele poderá fazer muito por sua equipe, não acham?

> O autoconhecimento torna-se fundamental na formação e desenvolvimento de um líder, na medida em que, com frequência, ele necessitará manter o equilíbrio interior para melhor lidar com as diferentes situações com pessoas [Cavalcanti et al., 2006:128].

– O senhor tem razão – disse Suzy –, mas primeiro temos de descobrir se ele conhece as diferenças entre ser um líder e um chefe. Apesar de parecer simples, muitos líderes não conhecem essas diferenças e acreditam que, ao fazerem acontecer a qualquer preço, e não se importando com as pessoas, estão obtendo excelência em seus resultados.

– Boa! Este pode ser o primeiro desafio – disse Fernando.

– Concordo com o primeiro desafio: chefiar e liderar. Todos de acordo? – perguntou sr. Oliveira, encerrando a segunda reunião. "Bem produtiva, por sinal", pensou. E dirigindo-se a Laura:

– Por favor, feche a ata da reunião e envie uma cópia para os diretores e para mim. Acho que não preciso ressaltar a importância do sigilo e da confidencialidade do assunto que estamos tratando.

E assim foi. Laura preparou e distribuiu a ata, junto com um resumo dos principais conceitos trabalhados.

Resumo dos principais conceitos

- Um líder deve formar novos líderes.
- O processo de sucessão empresarial é essencial para a continuidade das práticas de excelência da organização.
- O verdadeiro líder reconhece que seu conhecimento e análise individual sobre os fatos são menos abrangentes que o conhecimento e a análise coletiva. A capacidade de interagir com os liderados e construir o saber coletivo fortalece a liderança e a equipe.
- O exercício da liderança requer o desenvolvimento de um conjunto de competências. Essas competências são compostas de conhecimentos, habilidades e atitudes. O autoconhecimento é fator relevante para o sucesso de um líder.
- O líder deve ser capaz de liderar a si mesmo, para poder agir estrategicamente sobre sua equipe.

Na visão do sr. Oliveira, a Embatec vivia uma nova era. Em sua ótica, o conhecimento deve ir além das ações de capacitação, além das salas de aula. Deve estar presente em toda a organização. E esta é uma oportunidade que não poderá ser desperdiçada. Até o momento, é isso o que está acontecendo.

Durante a semana, Laura e Suzy identificaram as lacunas de competências de Pedro e de Gustavo. Em longa conversa com sr. Oliveira, ouviram as expectativas do presidente com relação ao que ele e a diretoria esperavam de um vice-presidente. Identificaram as competências dos dois candidatos e, assim, mapearam as lacunas que deveriam ser preenchidas a partir das ações de capacitação – treinamento e desenvolvimento – que seriam executadas por meio de desafios.

Laura recebeu e consolidou a nova lista de competências e a associou ao esperado para o novo vice-presidente.

Com aprovação do presidente, Laura preparou um e-mail para todos, informando as competências e os desafios escolhidos para desenvolvê-las. Ela escreveu:

> As competências de gestão serão transformadas em desafios e agrupadas na seguinte ordem:
>
> - Desafio 1: chefia e liderança.
> - Desafio 2: planejamento, organização e delegação.
> - Desafio 3: comunicação e estímulo à motivação.
> - Desafio 4: aprendizado contínuo.

Fernando irá preparar o primeiro desafio dos candidatos e o apresentará na próxima reunião. Lendo o e-mail, Fernando trancou-se em sua sala. Antes, porém, fez uma reunião com um especialista em informática e delegou algumas pendências à sua equipe. Sua gerência estava em fase de consolidação dos resultados de uma pesquisa de mercado, e ele sabia que ela geraria uma lista de providências e de problemas também.

Fernando sabia que o primeiro desafio era para ele próprio. Ele deveria criar estímulos para que Pedro e Gustavo se interessassem pelo jogo e aprendessem a diferença entre chefiar e liderar. Ainda teria de "vender" sua ideia para o sr. Oliveira e para a diretoria.

"É um desafio e tanto! Um problema de cada vez", pensou. E partiu para a ação. A primeira coisa que teria de fazer seria descobrir a tal diferença entre chefiar e liderar, de que Suzy falara. Depois pensaria no "como" faria para gerar os desafios.

Ao dar início a uma história sobre gestão e liderança, o primeiro capítulo ressaltou a importância do compartilhamento de decisões e do exercício da liderança, associados ao respeito às equipes e ao incentivo à participação, criatividade e ao autoconhecimento. Os conceitos de competência foram introduzidos como base para a gestão contemporânea de pessoas.

O próximo capítulo direcionará o desenrolar da história, a partir de uma série de desafios aos quais os nossos personagens serão submetidos. O primeiro desafio, tratado no capítulo dois, será conhecer as diferenças conceituais e práticas entre chefiar e liderar.

2

Desafio 1: chefiar e liderar

No capítulo anterior, vimos a importância de se preparar sucessores. Para tal, fez-se necessária a integração da equipe de diretores da Embatec para trocar conhecimentos e elencar as competências indispensáveis a um gestor, além de criar instrumentos para ajudar o candidato escolhido a desenvolvê-las.

Neste capítulo, serão apresentadas e discutidas as diferenças entre chefiar e liderar. Um teste, exemplos e até uma história personalizam essas diferenças, a partir da aplicação de conceitos no dia a dia de Pedro, candidato à vice-presidência da Embatec, e no de sua equipe.

Chefiar e liderar: o entendimento conceitual das diferenças

A fábrica trabalha por turnos e é referência no ramo de embalagens. Sempre inovando, a Embatec busca a satisfação de seus clientes, mas preserva, em primeiro lugar, a segurança e o bem-estar de seus empregados. É considerada uma empresa atraente para se trabalhar e reconhecida por proporcionar oportunidades de crescimento e desenvolvimento a seus trabalhadores. A seleção para o processo de sucessão é um exemplo disso. Ao que parece, esta será a movimentação interna mais complexa, com o envolvimento integral da diretoria, que já se presenciou na organização.

Enquanto a diretoria e Fernando se preparavam para dar início ao processo de seleção interna, ambos os gerentes, Gustavo e Pedro, não imaginavam o que os aguardava. Suas agendas são bem movimentadas, nada rotineiras e bastante diferenciadas.

Pedro, sempre às voltas com a atividade-fim da empresa, com sua atuação voltada para a produção, sonha e respira embalagens. Às vezes tem pesadelos, como aquele em que havia caído dentro de uma enorme caixa de papelão e não conseguia sair. Embora responsável pela produção, também se arrisca a projetar o produto, já tendo ganhado um prêmio interno de criação.

Há 12 anos na empresa, Pedro iniciou como chefe de turno, foi encarregado de linha e ocupa, há seis anos, a função gerencial. É reconhecido como um líder conciliador, mas firme em suas decisões.

Gustavo, como área-meio, passa o dia mergulhado em orçamentos, contas a pagar, faturamento, movimentações financeiras. Goza de total confiança do sr. Oliveira. Considera-se uma pessoa íntegra e com princípios éticos rigorosos, e espera o mesmo de sua equipe. Zela para que a empresa faça os melhores investimentos e pela manutenção de um fluxo de caixa positivo. Está na empresa há 20 anos e começou como auxiliar de escritório. Terminou seus estudos na área de economia e fez um MBA em finanças na FGV, fortemente influenciado e integralmente patrocinado pelo sr. Oliveira. A aplicação imediata do aprendizado valeu-lhe crescimento horizontal e vertical na hierarquia e a melhoria de uma série de processos, o que resultou em ganhos para ele e para a Embatec.

Na sala da presidência, sr. Oliveira está ansioso por iniciar o processo. Depois de alguma reflexão, decide pela realização da terceira reunião. Compõe a pauta e convoca os diretores.

Terceira reunião

Agenda
Objetivo: definição da estratégia para início do processo de avaliação dos candidatos à sucessão presidencial.
Classificação da reunião: confidencial.
Convidados: presidência, diretoria, Fernando e Laura.

Pauta
1. Discorrer sobre o primeiro desafio: chefiar e liderar.
2. Definir como os candidatos serão comunicados.
3. Definir próximos passos.

Naquela segunda-feira, a reunião se inicia com o clima de excitação de sempre. Desta vez, Sheyla fez docinhos com dois tipos de chocolate: o preto e o branco. Suzy reclama que vai engordar.

– Ótimo! Sobrará mais para mim – diz Fábio, comendo e bebendo café sem parar.

Enquanto isso, Luiz propõe à Sheyla fazer os brigadeiros para vender.

– Não é a toa que você é comercial – diz Sheyla.

Neste momento sr. Oliveira chega à sala de reuniões.

– O que é isto? Vejo que a diretoria encontra-se animada com o processo de escolha de um sucessor para a presidência. Acho que o que vocês querem é me ver pelas costas! Será que estou tão enferrujado assim?

Sr. Zé não perde tempo e responde à brincadeira:

– Está enferrujado sim, mas não se preocupe, vou mandar minha equipe da manutenção dar um jeito em você, Oliveira. Qualquer óleo nas juntas resolve.

Todos riem, inclusive o presidente.

Neste clima de descontração, sr. Oliveira abre a reunião, dá o direcionamento ao trabalho e pergunta se alguém tem sugestões. Passa a palavra para Fernando.

Ao lado do computador, Fernando explica que os candidatos, ao ultrapassarem os desafios, devem percorrer alguns caminhos:

– Em primeiro lugar, os candidatos Pedro e Gustavo deverão entender e praticar as diferenças entre chefiar e liderar.

Fernando explica que pesquisou bastante e buscou embasamento conceitual em diversos autores. Concluiu que as definições de Bennis e Nanus (1988), Carvalhal e Ferreira (2000) e Vergara (2007) esclarecem as diferenças entre chefiar e liderar, favorecendo a aplicabilidade que os candidatos darão ao seu papel como futuros executivos:

– Para Carvalhal e Ferreira (2000) as funções administrativas, tais como fazer as coisas de forma certa; operar sobre os recursos físicos da organização, sobre seu capital, tecnologia, matérias-primas, habilidades técnicas; focar no processo e na eficiência geram obediência por parte dos subordinados e levam o gerente a assumir a postura de chefe. Bennis e Nanus (1988:19) reforçam que "o problema de muitas organizações, e especialmente das que estão fracassando, é que elas tendem a ser administradas e sublideradas (lideradas de menos)".

– Liderada de menos? Acho que este não é o caso da nossa Embatec!

– Zé, você não tem jeito mesmo. Prossiga, Fernando – diz sr. Oliveira.

– Sem problemas. Já Vergara (2007:62) entende por chefiar:

> a competência que prioriza sistemas e estruturas para alguém se fazer obedecido por indivíduos e grupos. Os ingredientes que compõem essa competência variam desde aspectos legais, de modelagem organizacional, até características de personalidade.

– E para liderar? – interessa-se Fábio. – Preciso correlacionar uma definição com outra, senão não enxergo a diferença. Sou um homem de exatas! Lembram-se?

– Para esclarecer o que é liderar, encontrei muitas definições – respondeu Fernando, visivelmente motivado. – Antes das definições, quero ler rapidamente algumas citações bem interessantes, como a de Covey (2000:163), que afirma que o líder deve celebrar as diferenças entre as pessoas, em vez de sufocá-las, pois, no futuro – bem recente, por sinal – ele poderá "recorrer a uma fonte de ideias, talento e entusiasmo".

– Isso é muito bom, podemos pensar em colocar em nosso jogo algo que explore a criatividade das pessoas. O que vocês acham? – pergunta Suzy.

– Ótimo – diz o sr. Oliveira. – Você pode anotar, Laura?

– Claro! Já anotei.

Fernando continua:

– Também achei bem interessante a referência de Silveira e Bastias (2003:50), quando afirmam que "o valor do líder não está apenas no seu potencial individual, mas na sua capacidade para levar junto pessoas, conseguir que elas façam, descobrindo e auxiliando cada um a descobrir seu próprio potencial". Não poderia, ainda, deixar de citar nosso guru da administração moderna, Peter Drucker (apud Pruzak e Davenpor, 2003), o qual diz que, dos líderes que pesquisou e considerou como eficazes, todos adotavam os seguintes conceitos:

- Líder é aquele que possui seguidores. Alguns são pensadores, lógicos. Outros são profetas, intuitivos. Os dois papéis são necessários e fundamentais. Porém, sem seguidores não existem líderes.
- O líder eficaz não é uma pessoa amada e admirada. É alguém cujos liderados fazem as coisas certas. Liderança não tem a ver com popularidade; tem a ver com resultados.
- O líder é uma pessoa bastante visível; portanto, deve servir de exemplo.
- Liderança significa ter responsabilidade. Ser líder não quer dizer posição, privilégios, títulos ou dinheiro.

Fonte: Drucker (apud Pruzak e Davenpor, 2003).

– E, para finalizar – diz Fernando –, Kouzes e Posner (1997:33) destacam o "querer" em sua definição de liderança, que considero digna de destaque. Eles dizem que a liderança "é a arte de mobilizar os outros para que estes queiram lutar por aspirações compartilhadas".

– Nossa! Você estudou bastante, hein? – exclama Luiz.

– Estudei sim, mas não o suficiente. Cada vez tenho vontade de aprender mais sobre esses assuntos.

– Que bom, Fernando! Fico satisfeito com a sua animação – disse o presidente.

– Obrigado, sr. Oliveira. Finalizando: de tudo o que pesquisei sobre liderança, cheguei à conclusão de que ela se constrói; é um processo, e não algo acabado. Podemos constituir nossa liderança nos autodesenvolvendo por intermédio de pesquisas, estudando, experimentando, aprendendo no dia a dia com nossos liderados. E esse aprendizado implica ouvir nosso pessoal, aceitar sugestões. E, principalmente, aprendi que o autoconhecimento é fundamental.

– É verdade, Fernando. Quanto mais nos conhecemos, maior a facilidade de lidarmos com os outros – diz Suzy.

– É, mas não é nada fácil. Lidar com gente é muito complicado – retruca sr. Zé.

– Sabemos disso, Zé. É o nosso maior desafio, mas quando lideramos com sabedoria e com amor, o resultado, além de surpreendente, é muito prazeroso – aduz sr. Oliveira. E, dirigindo-se a Fernando:

– Muito bem, como foi a experiência?

– Foi ótima. Como já disse, pode ter certeza de que aprendi muito. Aproveitei para rever meus conceitos de chefiar e liderar e relacionar com a minha prática. Porém, como temos de utilizar as definições de forma que nossos candidatos possam aplicá-las para serem avaliados por nós, optei por dois autores que considerei bem objetivos. Creio que eles irão atender melhor ao nosso propósito.

– Quem são, Fernando? – perguntou Fábio.

– São Carvalhal e Ferreira, na obra *Ciclo de vida das organizações*, e Vergara, em "A liderança aprendida".

– Você pode nos demonstrar os conceitos deles? – sugere Luiz.

– Para liderar, Carvalhal e Ferreira (2000:67) ensinam que os líderes "fazem a coisa certa", fundamentam-se em valores éticos; operam sobre os recursos emocionais da organização, sobre seus comprometimentos e aspirações; o foco da ação está nos resultados e na eficácia. Por causa de sua postura, os líderes são respeitados.

– Muito interessante – surpreende-se o presidente.

– De acordo com Vergara (2007:62), a liderança é entendida como "a competência de alguém em exercer influência sobre indivíduos e grupos, de modo que tarefas, estratégias, missões sejam realizadas e resultados sejam obtidos. Os ingredientes que compõem essa competência estão na aprendizagem contínua".

– Sempre digo isso – reforça Laura.

E Fernando apresentou o próximo *slide*, concluindo que, conforme Carvalhal e Ferreira (2000:66), a melhor forma de gerenciar é

> integrar o melhor da administração com o melhor da liderança, para renovar sua cultura, mesclar estabilidade com crise, conviver com o caos, promover uma abordagem dinâmica das relações interpessoais, equilibrar resultados tangíveis em curto prazo com intangíveis em longo prazo.

Fernando alertou que Pedro e Gustavo deveriam entender não só as diferenças entre chefiar (no sentido de administrar) e liderar, mas também a importância, para um gestor, da complementaridade dessas funções para o sucesso organizacional.

Sr. Oliveira, reforçando, lembra o artigo de Vergara que havia lido, no qual a autora assevera que as características e diferenças entre esses dois conceitos não são claras. E concorda plenamente com ela quando Vergara afirma que os conceitos de chefia e de liderança se complementam:

> O ideal é ter um chefe/líder. Melhor dizendo: um gestor/líder, capaz de perceber que não só as empresas e seu ambiente mudam, exigindo renovação constante de competência, como também que as empresas, como qualquer coletividade, são movidas por cooperação e por conflito, e é preciso saber lidar com essas forças contraditórias [Vergara, 2007:62].

– Que forças contraditórias são essas? Não entendi muito bem – questiona Fábio.

– De acordo com o que entendi – responde Fernando –, vivemos tentando lidar, ao mesmo tempo, tanto com os conflitos da vida moderna quanto com a nossa necessidade de viver em conjunto, colaborando uns com os outros. Ou seja, de um lado, temos as demandas e pressões do mundo atual (as questões antiéticas, a violência urbana, as agressões ao meio ambiente, entre tantas outras coisas negativas); de outro, temos a necessidade de trabalhar em equipe, cooperar uns com os outros para obtenção de melhores resultados.

– Concordo com você, Fernando. Como diz Vergara (2007:63), "é da condição humana o sonho, o desejo, a ideia, a abertura, a criatividade e, também, a realidade, o desinteresse, o fato, o enraizamento, a manutenção do *status quo*" – continua sr. Oliveira. – Assim, nosso desafio é aprender a lidar com essas forças: de um lado a competição desenfreada, com perda de valores e princípios que dignificam o homem; de outro, a necessidade de as pessoas trabalharem em equipe, cooperando, utilizando seu potencial criativo.

– Ainda bem que aqui temos autonomia para criar – diz Laura.

– Isso é verdade! Além de gostarmos de cooperar uns com os outros – acrescenta Fernando.

– Embora, de vez em quando, a gente se estranhe, não é? – provoca Laura.

– Fico contente em saber que estamos conseguindo, de alguma forma, conciliar essas forças contraditórias – diz sr. Oliveira. – Mas vamos continuar. Luiz, você quer fazer algum comentário?

– Obrigado, sr. Oliveira. É que além dos nossos candidatos, nós também teremos um grande desafio, pois nesse contexto de forças contraditórias, temos de definir conhecimentos, habilidades e atitudes que um administrador/líder precisa demonstrar no exercício do seu cargo.

– A ideia é colocarmos, nos desafios, situações que avaliem as competências dos candidatos também lidando com essas forças – diz Suzy. – E, também, definir como iremos avaliar nossos candidatos nos conceitos chefiar e liderar. Na verdade, os conceitos chefiar (administrar) e liderar, embora diferentes, se complementam. Precisamos pensar como vamos estruturar o desafio, ou seja, como tornar práticos esses conceitos.

Competências para chefiar e para liderar

Fernando reforça a importância em transformar estes conceitos em prática. O entendimento que todos nós temos agora deve ser transmitido aos candidatos.

Laura se apressa:

– Aplicando as competências, o nosso "C", de conhecimento, ficou claro nas definições de chefiar e liderar. Precisamos, depois, checar o "H", de habilidade para liderar, e o "A", de atitude pra lidar com o poder e com as pessoas.

Sr. Oliveira fica animado e diz:

– Perfeito! Agora estou juntando as peças. As competências desejadas serão colocadas em forma de desafios. Vamos checar agora a parte de conhecimento. É isso?

– Na verdade – intervém Laura –, é um todo. Neste primeiro desafio, o conhecimento adquire uma importância especial, mas ele não é nada, neste caso, se não estiver associado à prática.

– Como seria? Estou acostumado com números! Não consigo imaginar como vamos desenvolver isso – diz Fábio.

– Conforme Fernando explicou, o primeiro desafio é verificar se os candidatos identificam as diferenças e inter-relações entre chefiar e liderar, em termos teóricos. À medida que forem colocando em prática os conceitos, além de recordá-los poderão demonstrar se conseguem utilizar seu lado chefe e seu lado líder de forma equilibrada – explica Suzy.

– A minha preocupação é testar o nível de conhecimento dos candidatos relativos à chefia e à liderança – diz sr. Oliveira. – Será que os conhecimentos adquiridos no curso de MBA, nos cursos de especialização, nos treinamentos, poderão ser aplicados na prática? O que eles efetivamente sabem?

E, dirigindo-se a Suzy:

– Suzy, incorpore estas definições, selecionadas pelo Fernando, de forma a instigar os dois gerentes durante os desafios, como se fossem parte de um processo de capacitação, é claro. Outra coisa: você tem os históricos de Pedro e Gustavo na empresa e sabe que eles sempre fizeram questão de participar dos treinamentos oferecidos. Pedro, então, se diz um "eterno aprendiz". Quero saber o que, efetivamente, eles sabem. Vocês concordam?

– Concordo plenamente – disse Suzy. – A empresa tem investido bastante neles. É o momento de testarmos seus potenciais.

– Fernando, o que mais tem para nos mostrar? – disse Luiz, diretor comercial, percebendo a ansiedade de Fernando em querer complementar sua apresentação.

– Obrigado, Luiz. Bem, para simplificar, podemos comparar e relacionar os conceitos de administração e liderança (quadro 2), conforme Carvalhal e Ferreira (2000).

Quadro 2

Conceitos de administração e de liderança (a)

Administrar ou liderar?	
Os administradores fazem as coisas de forma certa.	Os líderes fazem a coisa certa.
O administrador opera sobre os recursos físicos da organização, sobre seu capital, tecnologia, matérias-primas, habilidades técnicas.	O líder opera sobre os recursos emocionais da organização, sobre seus comprometimentos e aspirações.
O foco da ação está no processo e na eficiência.	O foco da ação está nos resultados e na eficácia.
Os chefes são obedecidos.	Os líderes são respeitados.

Fonte: Carvalhal e Ferreira (2000:67).

A diretoria inicia um debate interessante. Fábio se posiciona de forma contundente, apresentando exemplos diferenciados sobre o que considera liderar. Luiz rebate. Sr. Zé diz que o que interessa é o resultado obtido, e não a teoria. Por fim, a diretoria reconhece e ratifica o que Carvalhal e Ferreira (2000:78) ensinam:

> É crucial para o posicionamento do gerente que ele defina se deve administrar ou liderar, e qual das vertentes da gestão deve manifestar-se prioritariamente em cada fase do ciclo de vida do projeto, da equipe ou da organização.

Todos acham a explanação muito interessante, discutem entre si e decidem que vale a pena examinar, cuidadosamente, as diferenças entre administrar e liderar.

Complementando o quadro anterior, Fernando apresenta o quadro 3.

Quadro 3

Conceitos de administração e de liderança (b)

Administrar	Liderar
Realizar	Influenciar
Assumir responsabilidades	Assumir riscos
Planejar	Desafiar
Organizar	Inspirar
Coordenar	Capacitar
Conduzir	Modelar
Controlar	Encorajar

Fonte: Carvalhal e Ferreira (2000:78).

– A sua apresentação está bem objetiva, Fernando, o que irá facilitar a elaboração do primeiro desafio do jogo – disse Fábio, diretor financeiro.

– Um dos conceitos que muito me atraem – diz sr. Oliveira – é o de Paulo Roberto Motta, que enfatiza a participação. Vou ler para vocês, para que deem sua opinião.

E abrindo a última gaveta da sua mesa, pega um livro e abre na página 179.

– Este conceito vem ao encontro de nossa forma de gerenciar. Motta (1993:179) diz:

> A participação mobiliza a inteligência da empresa, valoriza o potencial das pessoas e permite que exprimam suas ideias e emoções, desenvolvam relações pessoais e organizacionais mais autênticas e, enfim, se tornem profissionais mais autônomos e competentes. No mundo de hoje, a contribuição do indivíduo

> é tão relacionada ao grau de retribuição (salário, benefícios etc.) quanto a sua liberdade de expressão e ação. A participação libera o indivíduo para contribuir e faz todos os participantes do processo, inclusive chefes e dirigentes, desenvolverem maior consideração por ideias alheias e maior respeito mútuo.

– Concordo plenamente – diz Luiz. – Gostaria de deixar aqui mais uma contribuição teórica para nossa reunião. Aprendi esse conceito há algum tempo e foi muito importante para mim. Trata-se do conceito de liderança transformacional, cujo contraponto está na liderança transacional.

Sr. Zé interrompe:

– Pronto, agora complicou tudo outra vez! O que é essa tal de liderança transformacional? Os nomes são bem bonitos, imponentes, mas complicados.

Todos riram. Luiz retomou a palavra e deu continuidade à explicação.

– Não é complicado para entendermos. Tem uma definição bem clara que vai nos ajudar a compreender as diferenças. Vejam:

> Os líderes transacionais são aqueles que apelam aos interesses e, especialmente, às necessidades primárias dos seguidores para alcançar os resultados organizacionais desejados. A relação entre líder e seguidor, neste caso, caracteriza-se pelo interesse da troca: oferecimento de recompensas materiais, como promoções, aumentos salariais, liberalidade no uso do tempo, em troca do esforço empreendido [Cavalcanti et al., 2006:119].

– E os transformacionais? – quis saber o sr. Zé.

– Os transformacionais estão em conformidade com o que estamos buscando como liderança para nossa empresa – continuou Luiz. – Atuam com base no carisma, na inspiração, no estímulo intelectual e na atenção individualizada, ou seja, atuam com foco no crescimento e no desenvolvimento da equipe, a fim de gerar efetivas mudanças de comportamento para melhores resultados. Observem o que mais dizem os autores:

> A distinção mais significativa entre as duas abordagens reside na questão dos valores. Aqueles como justiça, dignidade, moral, liberdade, aos quais se refere a liderança transformacional, estão voltados para o crescimento e o desenvolvimento das pessoas e para a mudança de seus níveis de consciência [Cavalcanti et al., 2006:120].

– Entendi – falou o sr. Zé. – Acho mesmo que temos alguns "transacionais" aqui na empresa...

Sr. Oliveira se antecipou à resposta de Luiz:

– Esses "transacionais", como você mesmo disse, estão mais próximos do que entendemos como chefes, aqueles que fazem o que deve ser feito, porém, nesse caso, há mais esforços e desgastes para obtenção de resultados. Já os "transformacionais" aproximam-se do modelo que buscamos para líderes e gestores verdadeiros. Estes têm a possibilidade de gerar mudanças duradouras e efetivas para as pessoas e para a organização.

Nesse momento, Sheyla entra na sala de reuniões e os convida para um lanche especial.

– Chegou em boa hora, Sheyla. Já estávamos sentindo falta dos seus quitutes – disse Fernando. – Durante o lanche poderemos organizar as informações que já temos, trocando algumas ideias.

Enquanto saboreavam um bolo de abacaxi e café, Suzy sugeriu que o primeiro desafio fosse constituído de questões teóricas referentes ao tema, explicitando algumas situações vividas no dia a dia.

Todos concordaram.

Sheyla deu o seu palpite, que provocou a risada geral.

– Ih! vai ter muito chefe reprovado aqui dentro!

Retornando à sala de reuniões, onde cada um opinou, conseguiram elaborar um teste simples, mas fazendo uso do referencial teórico, que pudesse avaliar o conhecimento básico dos candidatos referente à aplicabilidade dos conceitos "chefiar" e "liderar".

Suzy ia anotando e, ao final, leu o teste que elaboraram:

Teste

Imagine-se como um gestor diante das situações a seguir.
Você tem de entregar, no prazo máximo de uma semana, um projeto que irá expandir os negócios da empresa, atraindo novos clientes. No mesmo prazo, deverá visitar um dos maiores clientes da empresa, que está insatisfeito, e negociar novos contratos. Precisa, também, orientar um funcionário que está iniciando esta semana. Além disso, o pessoal de sua equipe está reclamando que tem trabalhado demais e não tem dado conta das metas traçadas.
Qual será sua prioridade? O que fará para lidar com seu pessoal?

– Todos concordam?

O sim foi unânime.

– Vocês acham que devemos ter uma resposta que consideramos como a mais adequada às nossas expectativas? – perguntou Fábio.

– É uma boa ideia – disse Luiz.

Chegaram, então, à conclusão, em consenso, de quais seriam as respostas esperadas:

- ❑ Tirar algumas horas por dia para terminar o projeto e marcar uma hora para visitar o cliente e ouvi-lo. Pedir-lhe alguns dias para enviar-lhe algumas soluções e cumprir o prometido.
- ❑ Receber o novo funcionário, explicar suas atribuições e delegar a um funcionário com competências de liderança sua orientação.
- ❑ Marcar uma reunião com os membros da equipe, verificar se as metas traçadas são realistas, ouvi-los e enfatizar a importância da colaboração de todos.

Terminaram a reunião satisfeitos com o resultado.

Na ata ficou registrado que Suzy se encarregaria de providenciar suporte técnico e recursos necessários para a preparação do primeiro desafio, inclusive recursos de informática.

Laura preparou a ata da reunião e a distribuiu para todos. O jogo estava apenas começando.

Os conceitos na prática

Na manhã de quarta-feira, bem cedo, Pedro não fez sua caminhada diária. Foi direto para o trabalho. Havia muita coisa a ser feita.

Chegando à sua sala, ligou imediatamente o computador, como fazia todos os dias, para ler seus e-mails e resolver problemas relacionados à produção ou à equipe. No entanto, foi surpreendido com um aviso na tela para resolver uma situação não usual. O fato causou-lhe estranheza, mas logo percebeu que se tratava de um novo programa de capacitação.

Na tela, apareceu uma caixa, um produto de seu dia a dia. Clicou no desenho e a caixa se abriu parcialmente. Em um dos lados estava escrito: "Clique aqui e resolva as questões apresentadas". Os outros três lados da caixa permaneciam fechados. Pedro clicou nas questões e, à medida que ia respondendo, percebia que era uma situação que já estava vivenciando. Terminou o teste. Outra aba se abriu: "Você respondeu o teste em 50 minutos".

Resolver o teste não era tão difícil, mas como atuar na prática? Refletindo sobre a situação real ao mesmo tempo que respondia, foi-se dando conta de que sabia o que fazer. Era só agir. Outra aba da caixa se abriu: "Parabéns, você alcançou 91% de acertos. Confira aqui". Foi o que Pedro fez.

Cerca de 30 minutos depois, Pedro recebeu uma mensagem eletrônica com a imagem da caixa aberta por completo. Continha a seguinte mensagem:

Ajuste o conhecimento teórico à prática.

Pedro logo pensou: "De tudo o que tenho aprendido sobre gestão e liderança, tenho aplicado bastante coisa no meu dia a dia e nem havia percebido. O que será que este treinamento pretende alcançar? Haverá desdobramento?".

Ele percebeu que, no fundo, estava muito feliz com o seu trabalho e com o desempenho que vinha apresentando, apesar de apreensivo com o que viria daí para frente.

Lembrou-se do que havia vivenciado há um tempo. Estava sempre trabalhando bastante, mas sabia planejar e organizar suas tarefas. No entanto, ainda sentia que precisava ter mais tempo para dedicar-se à equipe.

Recordou-se de uma situação com Nilo, um de seus supervisores. Nilo sempre dera bons resultados por seus conhecimentos técnicos, mas, no trato com a equipe, usava pulso firme. Às vezes firme demais, a ponto de alguns de seus subordinados terem medo de dirigir-se a ele. Na época, Pedro percebeu que aquele temperamento acabava por deixar o pessoal tenso, o que poderia causar acidentes na linha 1. Lembrou-se de que, quando notou o que estava acontecendo, resolvera conversar com Nilo. Procurou ouvi-lo e ver o que poderia fazer para minimizar a situação, já que é difícil convencer alguém a mudar o temperamento.

Pensou em seu diálogo com Nilo e na tática de abordagem que havia utilizado.

– Bom dia, Nilo. Tudo bem?

– Vamos indo, Pedro. Algum problema?

– Não, só vim saber se está tudo bem, se você precisa de alguma coisa.

– Na verdade, estou meio cansado de lidar com o pessoal. Tenho sempre de ficar repetindo as mesmas coisas. Até aqueles que têm experiência, parece que desaprenderam. Não posso me descuidar, tenho de vigiar essa turma o tempo todo.

– Você não está sendo muito duro com eles? Está parecendo um chefe e não um líder – dissera Pedro, sorrindo.

– Que nada! Se não agir assim, não temos resultados. Com pulso forte já é um problema, imagine se amolecer...

– Nilo, gostaria de lhe contar uma história. Você tem um tempinho? Só vai demorar alguns minutos.

– Uma história?

– É. Podemos ir até a sala de reuniões?

– Está bem. Vou pedir ao Manoel que assuma o comando da equipe.

Chegando à sala de reuniões, Pedro, calmamente, pedira a Nilo que se sentasse, relaxasse e ouvisse a história. Nilo, de início, não entendera nada, mas obedecera. Afinal, Pedro era seu gerente e devia saber o que fazia.

Pedro, então, iniciara a história.

> Certa vez uma mãe entra devagarzinho no quarto do seu filho, enquanto ele dorme. Senta-se ao seu lado e o observa por um instante. Os olhos do menino estão fechados. Um cacho do cabelo cai sobre a testa e a respiração faz seu peito subir e descer quase imperceptivelmente.
>
> Ela diz baixinho:
>
> "'Meu filho adorado, eu estava trabalhando no escritório e, de repente, fui tomada de uma grande tristeza, quando pensei no que aconteceu durante o dia. Não consegui mais prestar atenção no meu trabalho e então vim conversar com você no seu silêncio, enquanto você descansa.
>
> "De manhã, perdi a paciência e disse que você parecia uma lesma, porque levou um tempo enorme para se vestir. Depois, fuzilei você com os olhos quando derramou geleia na blusa limpa durante o café da manhã. 'De novo?', suspirei fundo. Você apenas sorriu e se despediu: 'Até logo, mamãe!'
>
> "À tarde, eu estava no telefone enquanto você brincava no meu quarto, chutando a bola contra a parede do fundo e comemorando em voz alta cada vez que acertava um gol imaginário. Irritada, interrompi a ligação de quase uma hora para mandar você parar e ir fazer o dever de casa. 'Tá bem, mamãe', você disse, meio culpado, e foi pegar a pasta para me obedecer.

Continua

"Ainda à tarde, enquanto eu trabalhava em minha escrivaninha, você se aproximou e, hesitante, pediu: 'Lê uma história para mim esta noite, mamãe?' Nos seus olhos, um brilho de esperança. 'Esta noite, não', eu disse, rudemente. 'Seu quarto ainda está uma bagunça! Quantas vezes vou ter de mandar você arrumar suas coisas?' Você saiu arrastando os pés, com a cabeça baixa, e foi para o quarto. Logo depois voltou, ficou encostado na porta. 'O que você quer agora?', perguntei com a voz impaciente.

"Você não disse uma só palavra, mas entrou decidido no quarto, jogou seus braços ao redor do meu pescoço e beijou meu rosto. 'Boa noite, mamãe. Eu amo você.' Foi tudo o que me disse, me apertando com força. E, tão rapidamente como apareceu, você se foi.

"Depois disso, fiquei sentada um bom tempo, olhos fixos na mesa, sentindo uma onda de remorso me invadir. O que é que tinha acontecido comigo? Você não havia feito nada com a intenção de me aborrecer. Estava apenas sendo criança, se ocupando em crescer e aprender. Eu me perdi hoje num mundo adulto de responsabilidades e cobranças e fiquei com pouca energia para lhe dar. Você foi meu professor com seu impulso tão espontâneo de entrar no quarto e me beijar, mesmo depois de um dia difícil, enfrentando meu mau humor.

"E agora, enquanto vejo você dormindo, torço para o dia chegar e começar tudo de novo. Amanhã vou usar a mesma compreensão que você teve comigo hoje, para que eu seja uma mãe de verdade – oferecendo um doce sorriso quando você acordar, uma palavra de apoio depois da escola e uma história animada na hora de dormir. Vou rir quando você rir e chorar quando você chorar. Vou tentar colocar limites com suavidade e afeto. Vou me lembrar que você é apenas uma criança, não um adulto, e vou ficar feliz por ser sua mãe. A alegria do seu espírito me tocou hoje, e, assim, vim aqui, tarde da noite, agradecer a você, meu filho, meu professor e meu amigo, pela dádiva do seu amor."

Fonte: adaptado de Canfield et al. (2002).

Nilo ouvira atentamente. Ficara emocionado, pensara em seus filhos, em como ficava pouco com eles e recordara que, quando estavam juntos, estava sempre de mau humor e chamando a atenção dos meninos. Procurara afastar as emoções e pensar no que estava fazendo ali. Tinha tanto trabalho a fazer... O que Pedro queria com aquela história?

Pedro, fingindo não perceber a emoção de Nilo, para não o constranger, perguntara:

– O que você pode aprender com essa história?

– Que nem sempre temos razão, que devemos entender os outros, que se agirmos com afeto o outro também agirá.

– Você acha que isso tem alguma relação com seu trabalho, com seu pessoal?

– Não havia pensado neles, mas realmente tem. Não basta exigir, ser chefe. Tenho de ouvi-los, procurar entendê-los. Sabe, Pedro, essa história fez com que eu pensasse em como venho tratando meus filhos e percebi que preciso ser mais amoroso. Acho que isso, também, vale para o meu pessoal. Pensando bem, não queria admitir, mas tem gente que tem medo de mim.

– É verdade, Nilo. Contar essa história foi a forma que encontrei de mostrar-lhe que as nossas ações podem gerar reações de medo, raiva, vingança. E, no ambiente de trabalho, principalmente no setor operacional, essas reações não trazem bons resultados. A chefia com autoritarismo pode dar resultados por um tempo, mas depois os empregados encontram alguma forma de sabotagem.

– É difícil aceitar, mas concordo com você. Não queria "dar o braço a torcer", mas isso já vem acontecendo com alguns da minha equipe.

– E o que você pretende fazer?

– Não posso mudar radicalmente, mas aos poucos vou procurar dar mais atenção ao meu pessoal. E aos meus filhos.

– Que bom, Nilo! Tenho certeza de que você será muito bem-sucedido. Sabe que se quiser trocar umas ideias, conversar, pode contar comigo.

– Obrigado, Pedro. Posso pedir uma coisa?

– Claro!

– Você me dá uma cópia da história? É que quero lê-la de vez em quando...

– Com todo o prazer. Pode levar esta cópia.

Pedro voltou à realidade. Foi tão boa essa experiência com Nilo, e o resultado foi tão bom... Apesar de ainda ter algumas arestas a aparar... Nossa, como ele melhorou!

Lembrou-se da mensagem no computador para ajustar os conhecimentos à prática. O que poderia relacionar a essa situação?

É importante ouvir, demonstrar a importância de cada um na equipe, valorizando o trabalho. E, principalmente, o gestor deve servir de exemplo para sua equipe.

"De que adianta ter grande habilidade técnica e obter resultados de sua equipe utilizando 'pulso firme', agindo como um 'chefe'?", perguntou-se Pedro.

Guardou suas anotações e refletiu: "Embora tenha minhas dificuldades, é isso o que venho tentando fazer com minha equipe – dar o exemplo".

Naquele momento, Pedro percebeu que já estava praticando seus conhecimentos de liderança há algum tempo.

"Ainda tenho muito o que aprender e praticar, mas, pelos resultados que tenho obtido de uns tempos para cá, até que vou indo bem", refletiu.

Cada vez ficava mais animado com o "treinamento". Qual seria a próxima etapa? Estava curioso. Reparou que se parecia, na verdade, com um jogo.

Enquanto isso, o sr. Oliveira, bastante entusiasmado, estava pensando no próximo desafio. Como promover e avaliar as competências planejamento, organização e delegação?

Neste capítulo foram discutidos os conceitos de chefia e liderança, e Pedro, nosso personagem, pôde exercitá-los na prática. Pedro nos levou a refletir sobre a importância de dar o exemplo e valorizar os membros da equipe.

No capítulo a seguir, Pedro terá de planejar e organizar um trabalho para atender às demandas da empresa Sumo Saúde, com a ajuda de uma equipe multidisciplinar, composta de um representante do cliente e de profissionais da Embatec selecionados por ele. A prática da delegação é ressaltada ao longo do texto e ilustrada por meio de exemplos.

3

Desafio 2: planejamento, organização e delegação

Neste capítulo, Pedro irá enfrentar um grande desafio profissional. Deverá ser capaz de reunir uma equipe em torno de um objetivo e, com a participação do cliente, planejar, organizar e distribuir tarefas – o que fará com maestria, a partir das competências identificadas em cada um dos membros participantes. Como todos, este desafio será enfrentado e resultará em aprendizado.

O planejamento e a organização de um trabalho: o caso Sumo Saúde

Sr. Oliveira e os diretores tinham um novo desafio pela frente: promover o aprendizado e a avaliação sobre as competências – planejamento, organização e delegação. A alta direção, até então, estava bastante satisfeita com os resultados que vinha obtendo com o processo de seleção dos candidatos. Pedro e Gustavo estavam respondendo muito bem aos estímulos e às demandas do processo.

Era segunda-feira, e, como em todas as anteriores, a agenda da reunião estava pronta. O lanche estava servido e logo a reunião seria iniciada.

Décima reunião

Agenda
Objetivo: definição e estruturação do desafio sobre planejamento, gestão e delegação.

Classificação da reunião: confidencial.
Convidados: presidência, diretoria, Fernando e Laura.

Pauta
1. Definir a metodologia a ser aplicada.
2. Identificar indicadores e prazos para avaliação.
3. Definir próximos passos.

Sheyla, como de costume, recebeu os participantes com um belo e saboroso bolo, servido com arte. Sr. Oliveira iniciou a reunião pontualmente. Como um bom líder, tratou inicialmente de reconhecer o trabalho que vinham realizando, demonstrando sua satisfação com os resultados já colhidos e parabenizando a equipe. Todos concordaram que o trabalho estava dando bons frutos.

– Bem – disse o sr. Oliveira –, hoje vamos definir qual caminho iremos trilhar para avaliar nossos candidatos no que se refere a planejamento, organização e delegação.

Fernando, como sempre, trouxe suas ideias:

– Pensei um pouco sobre o assunto e tenho uma sugestão para vocês. O que acham de lançarmos um desafio referente à solução de questões reais da organização, em que possam aplicar essas competências?

Suzy concordou e complementou:

– Será ótimo! Nossa observação deve focar bastante a prática.

– Eu gosto cada vez mais deste processo. Acreditem, eu também estou aprendendo muita coisa com tudo isso – disse sr. Zé.

Sr. Oliveira estava pensativo, mas decidiu expressar-se:

– Creio que estamos no caminho certo. Vamos estimular a formação de conceito neste caso, mas vamos avaliar o desafio com foco na prática. Tenho um desafio de um cliente sobre a criação de novas embalagens que pode ser muito bom para o Pedro.

– Você está falando do projeto da Sumo Saúde? – perguntou Luiz, o diretor comercial.

– Este mesmo – respondeu sr. Oliveira.

– Se você quiser, posso apresentar o projeto.

– A palavra é sua! – disse o presidente.

Luiz fez a apresentação do projeto para os demais diretores. Todos o avaliaram como uma ótima oportunidade.

– É. Mas temos de ter também um desafio para o Gustavo. Alguém tem alguma sugestão? – perguntou Suzy.

– Eu tenho! – disse animado o sr. Zé. – Temos um desafio para o cliente Frango Chefe. Vamos ter de rever todos os custos de embalagens deles, para otimizar seus custos de produção e consequentemente reduzir o seu custo de investimento em embalagens, visando atender à manutenção de sua margem de lucro.

Sr. Oliveira adorou a ideia:

– Muito bom! Por favor, faça a apresentação do caso com mais detalhes para que todos possam conhecer a dimensão do trabalho.

Assim fez o sr. Zé, empolgadíssimo por estar contribuindo e participando do projeto.

A aprovação dos desafios foi unânime.

– Agora, temos de decidir os indicadores e os prazos – propôs sr. Oliveira.

Fábio interrompeu:

– O prazo está praticamente definido. Vamos ter de trabalhar com os prazos dos clientes, que são bem semelhantes: 90 dias, ou seja, três meses.

Quanto aos indicadores, Suzy fez sua observação:

– Temos de trabalhar com os indicadores das competências. Eu já tinha esboçado alguma coisa e gostaria de apresentar a vocês.

Prosseguiu com a apresentação do *slide*.

Indicadores das competências
1. Capacidade de compor uma equipe multidisciplinar, por meio da escolha de profissionais internos e/ou externos, identificando as competências existentes e a experiência adquirida, de forma a obter a contribuição real para o alcance dos objetivos.
2. Capacidade de liderar equipes e gerenciar projetos, obtendo a satisfação e o reconhecimento dos membros que a compõem.
3. Conhecimento e aplicação das técnicas de delegação, com o adequado aproveitamento das competências existentes na equipe, conferindo responsabilidades.
4. Cumprimento dos prazos e aplicação de ações corretivas e reparadoras, ao longo do processo para assegurar resultados.

Diante da apresentação de Suzy, sr. Oliveira fez o comentário:

– Suzy, creio que está muito bom. Eu acrescentaria apenas um quinto indicador: satisfação do cliente e resultado para a Embatec.

Todos concordaram com os indicadores e com a metodologia. Como sempre, sr. Oliveira faria a mediação do desafio de Pedro. Suzy, com apoio de Fábio, faria a mediação do desafio de Gustavo.

Sr. Oliveira encerrou a reunião:

– Boa sorte para todos nós! Agora vamos ao trabalho!

Pedro já se havia interessado de forma definitiva pelo jogo, ainda encarado por ele como uma forma de capacitação. O conhecimento e o aprendizado adquiridos encantavam-no, sobretudo pela forma de desafio que envolveu as etapas anteriores.

Ao chegar ao escritório, foi direto ao computador e entrou no *link* do RH para ver o que havia de novo. Uma caixa apareceu. Em uma das abas apareceram as palavras:

Refletir
Organizar
Realizar

Pedro as olhou por alguns segundos, buscando identificar qual seria o aprendizado que o esperava. Sabia que uma nova situação lhe seria apresentada e que deveria buscar a solução para os problemas que viriam pela frente nestas três palavras. Resolveu tomar um café, sem se preocupar muito com o que viria de novo. Afinal, já sabia que o inesperado faria parte do seu dia.

Caminhou pelos corredores e tomou seu café. Ao retornar, teve de correr para atender seu telefone, que tocava insistentemente. Identificou de imediato a voz do sr. Oliveira, que gentilmente solicitava sua presença na sala da presidência.

Pedro atendeu prontamente ao chamado. Ao chegar à sala da presidência, o encontrou animado e tomado por um comportamento de grande ansiedade.

– Entre. Precisamos conversar – convidou sr. Oliveira.

– Algum problema?

– Não. Na verdade temos uma grande oportunidade. Sente-se, vou explicar tudo a você.

– Estou curioso!

– Então, vamos ao que interessa! Temos um desafio para nossa empresa. Um cliente de grande porte nos contratou para revolucionar sua imagem. Quer ser percebido como uma empresa moderna e arrojada e deixar mais evidentes as ações de responsabilidade social desenvolvidas por sua organização.

– Que ótimo! Temos mesmo uma grande oportunidade!

– O trabalho será feito em suas embalagens. As atuais são ultrapassadas e não espelham a nova realidade da empresa.

– Isso será fácil! Afinal, estamos inovando constantemente.

– Sim, eu sei disso. Entretanto, desta vez o cliente quer que dois profissionais da empresa dele participem diretamente do projeto. Além disso, temos um prazo muito curto para alcançarmos o resultado. Ele tem de fazer uma grande remessa de produtos, com as novas embalagens, dentro de 90 dias.

– Este dado dificulta mesmo o trabalho. Sabemos que o Departamento Industrial necessita, em média, 40 dias para aquisição de materiais e produção das embalagens. Além disso, temos de ter tempo para a criação.

– Esta é a questão! Resolvi dar este desafio para você. Monte sua equipe e comece o trabalho imediatamente. Teremos uma reunião em uma semana para verificar o andamento do projeto. Envolva a turma da produção e quem mais você achar necessário.

– Será um grande desafio, mas vamos conseguir. Tenho certeza!

Confiante, Pedro deixou a sala com os pensamentos agitados, procurando identificar profissionais para trabalhar com ele neste projeto. Lembrou-se imediatamente da Natália, profissional que atuava na área de criação. Gostava de trabalhar com ela e pensou que Natália tinha de fazer parte da equipe, de qualquer jeito. Foi para sua sala. A ansiedade tomava conta de seus pensamentos, causando uma sensação desagradável de confusão e indefinição. Começou a andar de um lado para o outro, e só pensava no tempo – no pouco tempo que tinha para realizar tudo.

Em sua sala, sr. Oliveira estava satisfeito com a reação de Pedro. Ligou imediatamente para Suzy, a fim de informá-la sobre o andamento do novo desafio e sobre o comportamento do candidato.

– Suzy, correu tudo bem em minha reunião com Pedro. Ele é muito interessado e reagiu prontamente ao desafio.

– Ele tem mesmo este perfil confiante, importantíssimo para o exercício da liderança. Percebe sempre o universo de possibilidades em primeiro lugar e tende a tratar as dificuldades como barreiras a serem transpostas. Tem demonstrado isso no seu dia a dia de trabalho.

– É isso mesmo! Bem, o desafio está no ar. Vou acompanhá-lo de perto para ver como se sai.

– Eu estou cuidando do Gustavo. Como sabe, já passamos o desafio para ele. Também se mostrou muito interessado e está trabalhando em busca dos resultados. Vou acompanhá-lo de perto.

– Certo. Na próxima reunião da diretoria faremos a análise do desenvolvimento de cada um deles.

Pedro, pensativo em sua sala, sabia que poderia interagir com o computador e que obteria informações relevantes para o seu desafio. A primeira consulta já estava disponível e resolveu conhecê-la. Com um clique abriu a segunda tela.

> Intencionalidade – O líder deve agir de forma intencional; deve ter um plano, um propósito e deliberar sobre ele.

Pedro pensou sobre o que esta resposta poderia trazer de contribuição para o desafio que enfrentava. Concluiu que seria necessário refletir sobre o projeto e suas características para compor uma equipe que reunisse *expertise* e perfil adequados. Sabia que teria de contar com dois profissionais da empresa-cliente em sua equipe e resolveu conhecê-los. Ligou e agendou uma breve reunião para o início da tarde com esses profissionais.

Logo após o almoço, encontrou-se com Daniel e Carlos, os profissionais da empresa-cliente que fariam parte da equipe. Conversaram durante algum tempo. Na ocasião, pôde conhecer um pouco melhor o perfil dos dois. Ao final da reunião, conseguiu identificar claramente qual seria a contribuição de cada um deles no projeto. Pôde conhecer, também, um pouco sobre suas expectativas. Com essas informações em mente, não foi difícil identificar os outros profissionais que seriam convidados para a equipe.

Ligou para Natália, a profissional de quem tinha-se lembrado logo após ter tomado conhecimento do projeto, e a convidou para integrar a equipe. Sabia que não se tratava mais de mera afinidade, pois tinha consciência sobre qual seria seu papel no desenvolvimento do trabalho. Resolveu também convidar mais dois profissionais: Humberto e Maria. Humberto trabalhava na área de materiais e detinha conhecimento sobre os insumos disponíveis e sobre os processos de aquisição para produção das embalagens. Maria trabalhava na área industrial e conhecia as linhas de produção e a capacidade produtiva de cada uma delas.

Convidou estes profissionais para uma reunião, a fim de esclarecer os objetivos do projeto e dar início ao plano de trabalho.

O dia chegava ao fim. Pedro ainda estava apreensivo quanto à condução do projeto, porém sentia-se confiante em relação aos profissionais convocados.

Foi para casa pensando em como integrar a equipe. Sabia que era importante que todos estivessem integrados, pois os desafios seriam grandes e teriam de contar muito uns com os outros.

Ao chegar à sua casa, Pedro foi recebido com o carinho de sua família, e a isso se dedicou nas horas seguintes, dando lugar à renovação de energias para os desafios que o esperavam.

A formação e a integração da equipe em função das competências

No dia seguinte, chegou cedo ao escritório e estava bastante animado com seu novo projeto. Pensou nas palavras do jogo: "refletir, organizar, realizar" e na orientação de "intencionalidade". Pensou, também, em sua reunião e percebeu que, diante da ansiedade de reunir e de integrar a equipe, não tinha programado adequadamente sua reunião. Não tinha uma pauta e somente ele conhecia os objetivos gerais. Isso era contra tudo o que já tinha aprendido em cursos e na sua própria experiência de gestão. Resolveu, então, fazer o planejamento da reunião e preparar rapidamente alguns *slides* que usaria na apresentação do projeto:

Planejamento da reunião

Objetivo: integração da equipe e apresentação do projeto.
Classificação da reunião: confidencial/estratégica.
Convidados: Natália, Humberto, Maria e convidados da empresa-cliente (Daniel e Carlos).

Pauta

1. Integração da equipe – apresentação dos participantes.
2. Apresentação dos objetivos estratégicos do projeto.
3. Definição dos próximos passos.

Pedro sentiu-se bem mais tranquilo depois de ter uma organização básica da reunião. Pensou que aquelas palavras, "refletir, organizar, realizar", começavam a fazer um grande sentido.

Eram 8h45 quando entrou na sala de reuniões. Estava ansioso para encontrar a equipe e compartilhar o grande desafio. Os primeiros a entrar na sala foram Daniel e Carlos. Logo depois chegaram Natália, Humberto e Maria.

Pedro cumprimentou a equipe e apresentou a pauta da reunião. Apresentou Daniel e Carlos e solicitou a cada um do grupo que fizesse uma breve autoapresentação, com informações sobre as atividades de trabalho, para que se conhecessem um pouco mais.

Daniel iniciou a atividade, apresentando-se:

– Bom dia para todos. Eu sou Daniel e trabalho na Sumo Saúde. Nossa empresa produz sucos naturais com o puro sabor das frutas tropicais para comercialização nos mercados nacional e internacional. A atividade de exportação é extremamente nova em nossa organização e estamos nos deparando com uma forte concorrência nos dois mercados. Trabalho na área comercial e nosso maior desafio é conquistar, nos próximos três anos, 30% de parte do mercado europeu, mais precisamente Espanha, Portugal e Itália. O nosso desafio com relação às embalagens está diretamente associado a essa meta. Estou contente em estar aqui com vocês.

Carlos tomou a palavra logo a seguir:

– Meu nome é Carlos e trabalho na área de marketing e comunicação visual da Sumo Saúde. Meu desafio neste projeto é assegurar que a imagem criada para as embalagens esteja em conformidade com a linguagem visual e os princípios de marketing da Sumo Saúde. Também estou feliz em fazer parte deste projeto.

Natália, Humberto e Maria apresentaram-se de forma mais breve, demonstrando ainda não terem identificado claramente suas metas no grupo, uma vez que tinham poucas informações sobre o projeto.

Pedro pôde perceber que havia uma grande diferença de engajamento e comprometimento entre a postura de Daniel e Carlos e a dos demais participantes. Observou, também, que o conhecimento sobre os objetivos a serem alcançados era a principal tônica dessa diferenciação.

Lembrou-se da citação de Senge (1990:191):

> Um objetivo comum a todos, principalmente se for intrínseco, eleva as aspirações das pessoas. O trabalho torna-se parte do compromisso de alcançar um objetivo maior representado pelos produtos ou serviços da empresa [...]. O objetivo comum é também o primeiro passo para que pessoas que não confiavam umas nas outras passem a trabalhar juntas, pois cria uma identidade comum.

Pedro sabia que a equipe deveria se unir em torno de uma ideia, de um propósito, de uma razão de ser que fosse comum a todos. Com isso, iniciou a apresentação detalhada do projeto.

– Para que todos conheçam bem o nosso desafio, vou apresentar o projeto. Porém primeiramente gostaria de solicitar ao Carlos que fizesse uma breve apresentação da Sumo Saúde.

– Com certeza. A Sumo Saúde foi fundada há 35 anos, é uma empresa nacional, com gestão familiar, e acaba de concluir seu primeiro processo de sucessão presidencial. Atualmente, a empresa é administrada por dois irmãos que têm como objetivos a renovação de imagem e a profissionalização dos processos de trabalho. A nova presidência inseriu fortemente os conceitos de preservação ecológica, valorização das frutas típicas tropicais e nacionais, bem como de conforto, praticidade e segurança para o cliente. Com base nestes conceitos, estamos reformulando toda nossa comunicação visual, incluindo nossas embalagens.

Carlos continuou a apresentação com detalhamento sobre número de funcionários, perfil de clientes, localização da matriz e filiais; falou sobre a área industrial e sobre a logística de distribuição dos produtos. Foi uma apresentação completa e bem-articulada.

Pedro retomou a palavra:

– Carlos, muito obrigado pela apresentação. Foi bastante esclarecedora para nossa equipe. Tenho certeza de que todos nós nos sentimos mais perto da Sumo Saúde a partir de agora.

Em seguida, apresentou o projeto, utilizando alguns *slides*.

SLIDE 1

Projeto: Embalagens Sumo Saúde

Objetivo: criar e produzir novas embalagens de 1,5 l para a linha de sucos tropicais.
Meta: entregar as novas embalagens da Sumo Saúde, na quantidade solicitada pelo cliente, no prazo de 90 dias após a assinatura do contrato.

No *slide* 2, Pedro mostrou ao grupo o porquê da escolha de cada um para a composição da equipe.

SLIDE 2

Formação de uma equipe multidisciplinar

Líder: Pedro
Equipe:
Daniel – domínio da área comercial da empresa-cliente.
Carlos – domínio das áreas de marketing e de comunicação visual da empresa-cliente.
Natália – domínio do processo interno de criação.
Humberto – domínio do processo interno de aquisição de insumos e materiais.
Maria – domínio do processo interno de produção.

Ressaltou a importância da *expertise* adquirida por eles, mostrando que o sucesso da equipe dependia, fundamentalmente, da interação desses conhecimentos.

Após a apresentação do projeto, Pedro perguntou a cada membro da equipe se acreditava que o desafio era possível e se queria realmente fazer parte desse trabalho.

Inicialmente a pergunta assustou os participantes, mas logo perceberam que havia um sentimento especial, frente ao fato de exercerem a escolha quanto à aceitação ou não de um desafio de tal porte. Todos aceitaram o desafio e confirmaram sua participação na equipe.

Pedro percebeu, nesse momento, que o primeiro passo estava concluído. A equipe era um fato! Todos já se comportavam dessa forma, com um único objetivo em comum. Estavam todos falando ao mesmo tempo, com mil ideias e sugestões.

Aos poucos, Pedro retomou a reunião e propôs que todos identificassem os fatores críticos, em sua área de atuação, para o alcance dos resultados esperados:

– Para o sucesso do nosso trabalho, cada um deverá pensar em sua área de atuação e identificar os aspectos que poderão garantir o sucesso do trabalho, ou prejudicar significativamente o resultado. Este será o assunto principal da nossa próxima reunião, que acontecerá depois de amanhã, neste mesmo horário.

Pedro agradeceu a presença de todos e convidou-os para um café, para celebrarem a formação de uma nova equipe.

Os rumores do andamento do novo desafio não tardaram a chegar ao sr. Oliveira. Logo após o almoço, sr. Zé chegou para lhe contar as novidades:

– Oliveira, tenho boas novidades para você. Parece que o nosso Pedro começou o seu novo desafio com muito sucesso!

– Como assim? – perguntou o sr. Oliveira.

– A Maria, que trabalha comigo, foi convidada para integrar o time de trabalho que ele está construindo. Hoje tiveram a primeira reunião e a Maria voltou para o setor falando muito bem dele e parecendo mesmo muito entusiasmada com o desafio. Referiu-se ao Pedro como um líder de verdade. Vou contar os detalhes para você.

E assim o sr. Zé passou as informações para o sr. Oliveira, que ficou bastante impressionado com o bom desempenho de Pedro no início de seu novo desafio.

Pedro resolveu acessar o site do RH e continuar o processo de capacitação. Será que havia alguma nova informação? Foi surpreendido com um dos lados da caixa aberto, representado na tela. Dizia:

Você concluiu um aprendizado importante!

Os projetos de um líder são realizados por sua equipe.
Para formar uma equipe, é fundamental:

Informar

Os membros da equipe devem ter informações suficientes para compreenderem a razão de ser das tarefas e do objetivo geral.
Se todos souberem o que deve ser feito, e por que deve ser feito, estarão caminhando na mesma direção.

Integrar

Integrar uma equipe é o mesmo que torná-la inteira por meio da troca de conhecimentos e *expertise*.
Para integrar a equipe é preciso que todos conheçam o potencial de contribuição de cada um.
É necessário que os membros da equipe se conheçam.

Estimular/sensibilizar

Quando há integração, a troca efetiva só será realizada se houver atitude na equipe.
Atitude está diretamente relacionada com o querer de cada um.
O líder pode promover este querer por meio de estímulos e ações que sensibilizem os membros da equipe para este fim.

Pedro, de imediato, concordou com a mensagem. Ele havia informado à equipe o que era esperado dela, o objetivo geral a ser alcançado e as metas a serem cumpridas. Tinha obtido sucesso ao estimular os participantes a se integrarem e a se comprometerem com os objetivos. Mas ainda havia muito a ser feito. Ficou exultante ao ver, de forma organizada, tudo o que tinha pensado e sentido nas últimas horas. Sentiu-se feliz ao perceber que havia acertado. Estava pronto para sair do site quando apareceu uma seta brilhante com os dizeres "clique aqui". Tudo naquele site intrigava Pedro, mas a vontade de ir em frente, aliada ao aprendizado que vinha obtendo, fazia com que ele seguisse as orientações da tela. Clicou no local indicado e apareceram as palavras iniciais:

Refletir

Organizar

Realizar

Pedro olhou atentamente e percebeu que havia algo mais:

A dedicação à reflexão e à organização reduz erros e facilita a realização dos trabalhos.

Esta frase fez muito sentido para Pedro. Ele estava certo de que teria de se dedicar a compreender muito bem as etapas do trabalho, e suas interligações, para eliminar erros e retrabalhos.

Na tela, outra seta piscava com os dizeres "clique aqui". Pedro atendeu imediatamente a essa orientação, em busca de mais aprendizado. A próxima tela trazia uma citação de Vergara (2009:89):

> De um gestor/líder espera-se que seja hábil na busca de clarificação de problemas. Você deve usar mais tempo em identificar claramente o problema que a empresa tem do que fazê-lo apressadamente e ficar arrependido pelo restante dos seus dias. Em ciência se diz: quando se parte da premissa errada, pode-se chegar a uma bela conclusão, mas ela estará errada.

Pedro sentia-se confiante, estava no caminho certo. Deveria dedicar-se a compreender bem o problema que tinha de resolver, definir as etapas e planejar-se de forma adequada. Isso facilitaria a realização dos trabalhos e o alcance dos objetivos.

A segunda reunião da equipe aconteceu conforme o programado na agenda. Pedro ficou bastante satisfeito com o trabalho realizado pelos demais integrantes. Todos levantaram com bom detalhamento os fatores críticos do projeto, e, com esse levantamento, a equipe pôde obter uma visão das dificuldades que seriam enfrentadas, bem como dos fatores que seriam propulsores do sucesso do trabalho.

Diante do trabalho apresentado, Pedro compreendeu que tinha concluído uma etapa de reflexão sobre a meta a ser alcançada. Havia compreensão sobre o desafio, suas dificuldades e os fatores críticos. Agora, a palavra "organização" fazia grande sentido para Pedro.

Lá estava o próximo passo. Era necessário organizar as tarefas, decompor o objetivo em etapas, prever tempos e a ordem dos acontecimentos. Deveria definir a ordem das tarefas, identificando quais poderiam ser feitas simultaneamente, quais tarefas eram pré-requisitos para outras tarefas e compor uma agenda que permitisse à equipe entregar os resultados no tempo exigido.

Pedro compartilhou com o grupo esta necessidade e, na própria reunião, definiram as etapas que iriam compor o projeto:

- ❑ criação da embalagem;
- ❑ definição de fornecedores e aquisição de insumos;
- ❑ produção das embalagens;
- ❑ logística de entrega do produto ao cliente.

A equipe, sob orientação de seu líder, iniciou o planejamento do projeto, definindo ações e prazos para cada uma das atividades que compunham as etapas identificadas.

Cada etapa foi trabalhada em uma reunião específica, com a colaboração de todos os participantes.

Ao final de oito dias, Pedro obteve um plano de trabalho detalhado, que lhe assegurava que a meta seria alcançada no prazo estipulado. Os aspectos críticos estavam inseridos no planejamento, com previsão de ações reparadoras e prazos mais elásticos nas atividades de maior risco do projeto. A equipe sentia-se satisfeita e segura.

Diante do plano de trabalho, Pedro concluiu que deveria nomear um "dono" para cada uma das grandes fases do projeto. Nesse momento, pensou que o processo de delegação deveria estar em acordo com as competências (conhecimentos, habilidades e atitudes) de cada um dos membros da equipe. Não foi difícil perceber que faltava na equipe um membro com vivência em logística de distribuição do produto final.

Resolveu dividir com a equipe a necessidade de integrarem mais um membro. Em reunião, todos concordaram com Pedro de que esta era uma vivência necessária para a composição da equipe e resolveram convidar Amanda, do Setor de Logística, para integrar a equipe. Pedro conversou com Amanda, que demonstrou interesse imediato em participar do trabalho. Com isso, fizeram uma nova reunião e integraram Amanda em todo o desenvolvimento do projeto até o momento atual. Assim como fizeram com todos os membros da equipe, certificaram-se de que Amanda queria realmente participar daquele desafio.

Com a equipe completa, Pedro pôde avaliar a competência de cada um e delegar o desenvolvimento das tarefas.

Delegar não é abandonar

Não restavam dúvidas, para Pedro, de que ele deveria delegar – não só para que fosse possível o cumprimento de prazos, como por ele não possuir todas as competências necessárias. Além do mais, sabia que delegando estaria demonstrando ao outro que havia confiança, bem como estaria criando oportunidades de desenvolvimento e aprendizagem para todos.

> Delegação não é um abandono da responsabilidade sobre os resultados finais.

Dedicou-se a analisar as etapas que compunham o plano de ação e a conhecer os desafios e as competências que seriam necessárias para o sucesso de cada uma. Agrupou as tarefas e identificou, em cada membro da equipe, o melhor potencial para assumi-las. Todos da equipe deveriam ter papéis e responsabilidades claramente definidos, para que pudessem cumprir o objetivo final.

A constituição da equipe integrava dois profissionais da Sumo Saúde. Era do conhecimento de todos que Daniel e Carlos não se envolveriam nas atividades operacionais, pois a presença deles tinha o objetivo de assegurar o atendimento das necessidades do cliente. Ambos trabalhavam na Sumo Saúde e estavam à disposição da Embatec para participar da elaboração do projeto e das reuniões de acompanhamento, agindo como facilitadores na obtenção de diretrizes e aprovações do cliente.

Sabendo de tudo isso, Pedro distribuiu as tarefas (quadro 4), delegando a Carlos e Daniel a função de facilitadores externos, que deveriam providenciar as aprovações por parte do cliente, a obtenção de informações e as respostas às dúvidas fundamentais da equipe no que se refere à empresa Sumo Saúde.

Quadro 4

Papéis e responsabilidades

Criação da embalagem	
Responsável: Natália	Facilitador externo: Carlos
Definição de fornecedores e aquisição de insumos	
Responsável: Humberto	Facilitador externo: Daniel
Produção das embalagens	
Responsável: Maria	Facilitador externo: Carlos
Logística de entrega do produto ao cliente	
Responsável: Amanda	Facilitador externo: Daniel

Pedro havia conquistado mais uma etapa de seu desafio. Para concluir o processo de delegação era preciso orientar as pessoas quanto aos seus papéis e responsabilidades. Uma nova reunião norteou os trabalhos. Carlos e Daniel ficaram satisfeitos em perceber a importância deles no processo, assegurando o sucesso de cada etapa e o atendimento dos interesses de sua empresa.

Ao retornar do almoço, Pedro sentia-se confiante e foi até o computador para ver se havia alguma novidade no site.

Lá estava uma nova informação:

> Delegar não é livrar-se de um problema. O líder, ao delegar responsabilidades, deve continuar no controle e na avaliação dos resultados.

Pedro refletiu sobre a frase e compreendeu prontamente que, apesar de ter distribuído o trabalho por sua equipe, a responsabilidade final sobre os resultados do projeto como um todo continuava em suas mãos. Portanto, a gestão do projeto ainda era sua. Sua equipe precisaria muito dele para manter-se no rumo certo e obter os resultados esperados.

Pedro reuniu-se com sua equipe e acordaram que fariam reuniões semanais de acompanhamento dos prazos e resultados. Disponibilizou-se para ser procurado a qualquer momento e compartilhou com a equipe a responsabilidade pelo sucesso final.

– Quero dizer para vocês que eu, sozinho, não sou capaz de dar conta deste desafio, mas tenho a convicção e a certeza de que, juntos, temos todas as ferramentas e as competências para conseguirmos. Cada um de nós é responsável pelo sucesso do time. Está em nossas mãos!

Todos se entreolharam e sorriram. Entre burburinhos, ouvia-se repetidamente: "Nós vamos conseguir!".

Nesse momento, Pedro lembrou-se de uma frase que muito o impressionara no último curso que havia realizado. Na leitura de um capítulo do livro *A quinta disciplina*, de Peter M. Senge, ele encontrou e guardou como um grande aprendizado a seguinte citação: "O objetivo comum faz surgir uma coragem que as pessoas nem sabiam que possuíam – coragem é simplesmente fazer o que é necessário para alcançar o objetivo" (Senge, 1990:191).

No decorrer dos trabalhos enfrentaram dificuldades, mas sempre guiados por Pedro, uniram-se e encontraram soluções. As soluções, muitas vezes, exigiram superação e dedicação de um ou mais membros da equipe. Celebravam cada pequena conquista em equipe, e Pedro sempre reconhecia a dedicação de todos.

O planejamento foi seguido e Pedro agiu de forma a corrigir o rumo sempre que algum prazo teve de ser renegociado. O importante é que o resultado final foi conquistado – e no prazo do cliente.

Durante todo o andamento dos trabalhos, Pedro reuniu-se com sr. Oliveira e manteve atualizada a informação sobre o cumprimento do cronograma e os resultados.

Tão logo o projeto foi concluído, sr. Oliveira agendou uma reunião com Pedro. Tratava-se, na verdade, de uma reunião de acompanhamento, o que Pedro desconhecia.

Pedro sentia-se cansado com a tensão dos últimos meses, mas estava feliz com os resultados alcançados.

A reunião com sr. Oliveira aconteceu no primeiro horário da manhã. Sheyla providenciou um gostoso café com biscoitos amanteigados. Pedro apresentou o projeto, passo a passo, para o sr. Oliveira e para Suzy.

Ao final da apresentação, Suzy sorriu e piscou um olho para Pedro. Sr. Oliveira o parabenizou:

– Estou realmente satisfeito com o trabalho que você realizou. Estou certo de que você conseguiu vencer muito bem este desafio.

– Sr. Oliveira, eu agradeço o elogio, mas não fiz o trabalho sozinho. Contei com a colaboração de minha equipe. Sem eles, eu não teria concluído o trabalho com este resultado.

– Pedro, vou parabenizar você mais uma vez! Saber compartilhar o mérito com seus subordinados é uma atitude de verdadeira liderança. Para materializar o quanto estou satisfeito com o resultado, que tal convidar o seu time para almoçarmos juntos?

– Eles vão adorar! Com certeza! Vou agora mesmo ligar para eles e marcar.

– Faça isso! O almoço é por minha conta. Vou levar vocês a um restaurante de que gosto muito.

No retorno do almoço, Pedro encontrou uma mensagem no seu computador com um *link* de acesso. Desta vez, tratava-se da representação de uma caixinha de joia. Correu para ver o que havia dentro da caixa:

A experiência lhe trouxe alguns aprendizados, por exemplo, quanto ao planejamento.

O planejamento é uma ferramenta muito importante na liderança e na gestão de equipes. É composto de três etapas:

Reflexão
A reflexão consiste na análise da questão. É necessário conhecer o trabalho a ser realizado, os aspectos positivos existentes para o sucesso do trabalho e os aspectos críticos que terão de ser superados.

Organização
Os desafios devem ser organizados, identificando-se ações e prazos para realização. Com esta informação, torna-se possível o acompanhamento de cada etapa, permitindo ao líder agir de forma corretiva e proativa, para assegurar o alcance dos resultados.

Realização
Um planejamento não realizado não é nada!
O planejamento só tem sucesso quando implementado adequadamente; por isso a realização é a etapa que atribui valor à reflexão e à organização.

Além disso, constava da caixinha:

O líder deve agir com intencionalidade, deve ter consciência de seus atos e, sobretudo, das consequências desses atos. O líder deve agir com a intenção de obter resultados.

Por um momento, Pedro relaxou em sua cadeira e pensou no quanto estava satisfeito com o aprendizado que vinha obtendo nos últimos tempos. Mais uma vez comparou o treinamento a um jogo e pensou no quanto era intrigante esta relação do conteúdo com seu dia a dia. Estava certo de que deveria haver uma explicação para isso, mas decidiu não se preocupar por enquanto.

Pedro percebeu que havia, mais uma vez, uma seta piscando e indicando "clique aqui". Prontamente ele atendeu a essa orientação e uma nova tela se abriu:

> **Delegação**
>
> Delegar não é abdicar da responsabilidade!
> Para delegar com excelência, é preciso cumprir as seguintes etapas:
>
> - análise criteriosa das ações e tarefas a serem delegadas;
> - identificação do perfil de competências requerido para o bom desempenho da tarefa ou ação em questão;
> - identificação do profissional com o perfil de competências mais próximo das competências requeridas;
> - orientação do profissional: informação e treinamento;
> - controle de prazos e da qualidade final do trabalho. Estabelecimento de indicadores de controle;
> - avaliação de resultados e empreendimento em ações corretivas.

Imprimiu a página e colocou em sua agenda. Como seu dia estava chegando ao fim, pensou nos filhos e em sua esposa. Olhou o relógio e apressou-se em sair para estar com eles.

No dia seguinte, logo cedo, uma nova reunião de diretoria foi agendada para avaliação dos resultados alcançados. Sr. Oliveira passou para todos a agenda.

> **Agenda**
> Objetivo: análise do desafio: planejamento, gestão e delegação.
> Classificação da reunião: confidencial.
> Convidados: presidência, diretoria, Fernando e Laura.
>
> **Pauta**
> 1. Analisar e avaliar o resultado dos desafios realizados por Pedro e Gustavo.
> 2. Definir próximos passos.

Bem cedo, Sheyla organizou a sala e serviu o café, acompanhado de bolo de cenoura com cobertura de chocolate.

Todos foram pontuais.

Sr. Oliveira deu início à reunião, apresentando os resultados do desafio de Pedro:

– Pedro teve um excelente desempenho nesta etapa. Exerceu a liderança de sua equipe, conquistando o respeito e a contribuição de todos. Conseguiu o reconhecimento da liderança até mesmo pelos funcionários da empresa-cliente.

– Como você sabe disso? – perguntou Fábio.

– Recebi um e-mail do cliente elogiando a liderança do trabalho e ressaltando que seus funcionários estavam muito bem-impressionados com a gestão do projeto.

– Que ótimo! – disse Suzy.

Sr. Zé concordou e sr. Oliveira continuou:

– Pedro fez um bom trabalho. Passou por este desafio cumprindo as etapas no que se refere aos aspectos técnicos e comportamentais. Aproveitou bem todas as dicas do jogo. Eu trouxe um resumo que contém o passo a passo do desenvolvimento do Pedro, nesta etapa, considerando os indicadores que foram estabelecidos por nós. Vou passar para cada um de vocês, para que possam avaliar o nosso candidato com mais segurança.

Indicadores de avaliação
1. Capacidade de compor uma equipe multidisciplinar, por meio da escolha de profissionais internos e/ou externos, identificando as competências existentes e a experiência adquirida, de forma a obter a contribuição real para o alcance dos objetivos. Seu resultado foi excelente. A equipe foi formada considerando as competências necessárias para a realização do trabalho com qualidade.
2. Capacidade de liderar equipes e gerenciar projetos, obtendo a satisfação e o reconhecimento dos membros que a compõem. Todos os relatos que temos indicam que a equipe reconheceu a liderança de Pedro e seguiu suas orientações de forma natural, sem imposições ou autoritarismo.
3. Conhecimento e aplicação das técnicas de delegação, com o adequado aproveitamento das competências existentes na equipe, conferindo responsabilidades. Pedro fez uma excelente análise das competências requeridas para cada atividade e delegou os trabalhos com adequada identificação do perfil de competências de cada membro do grupo.

Continua

Indicadores de avaliação
4. Cumprimento dos prazos e aplicação de ações corretivas e reparadoras, ao longo do processo, para assegurar resultados. Apesar de alguns prazos terem sido renegociados durante a execução do trabalho, Pedro agiu corretivamente, de forma precisa, e a equipe conseguiu cumprir o prazo final.
5. Capacidade de gerar satisfação no cliente e resultado para a Embatec. O cliente formalizou sua satisfação com o resultado e a gestão do projeto. Além disso, o projeto apresentou boa rentabilidade para a Embatec. Já obtivemos retorno do cliente com solicitação de desenvolvimento de novos projetos, a fim de adequar todas as embalagens de suas linhas de produtos.

A satisfação foi geral.

Suzy não deixou que apenas o resultado de Pedro brilhasse na reunião. Chamou logo a atenção de todos para a continuidade da análise dos resultados e fez a apresentação do desenvolvimento de Gustavo, no mesmo desafio.

– Eu acompanhei de perto o desenvolvimento do Gustavo no desafio de planejamento, gestão e delegação. Ele também se saiu muito bem nesta etapa. Conseguiu construir uma boa equipe de trabalho, integrada e sensibilizada para obtenção dos resultados.

Fábio concordou e ficou satisfeito por ter menos uma tarefa em sua tumultuada agenda.

Fernando pediu a palavra:

– Com isso, continuamos tendo um empate?

Suzy respondeu sorrindo:

– É isso mesmo! Continuamos com um empate! Por um lado, isso é muito bom, pois mostra que acertamos na escolha dos candidatos.

Sr. Oliveira propôs:

– Já que fechamos o desafio de planejamento, gestão e delegação, minha sugestão é que iniciemos os trabalhos para aplicação do próximo desafio.

Suzy complementou prontamente:

– Nosso próximo passo é avaliar os candidatos no desafio de comunicação e estímulo à motivação. Por favor, tragam sugestões.

Sr. Oliveira despediu-se de todos:

– Agradeço a todos vocês por me apoiarem nesta trajetória. Agora, vamos ao novo desafio: comunicação e estímulo à motivação. Até a próxima reunião na segunda-feira.

Este capítulo focou a importância da formação de equipes multidisciplinares para realização de projetos específicos e na maestria em aplicar ferramentas de gestão. Houve destaque para a delegação e para a conquista do lugar de líder por meio do reconhecimento da equipe. O capítulo também reforçou a importância de a liderança atuar sempre com foco em resultados para a organização e para o cliente final. O próximo capítulo abordará os papéis da comunicação e da motivação para o exercício da gestão e da liderança na consecução dos objetivos organizacionais.

4

Desafio 3: comunicação e estímulo à motivação

Este capítulo apresenta a força da comunicação e da motivação na consecução dos objetivos e no sucesso de qualquer empresa. Apresenta o ciclo da comunicação e ressalta a importância da comunicação adequada, formal e informal, e da necessária atenção às barreiras que prejudicam a comunicação e a motivação. A principal teoria da motivação é apresentada em forma de exemplo. O capítulo também incentiva a preservação da segurança no trabalho e da qualidade dos produtos.

A efetividade da comunicação

Naquela manhã, Pedro acordou mais cedo do que de costume. O último desafio ocupou-lhe boa parte do tempo e, com isso, sua lista de pendências cresceu vertiginosamente. Como gerente, as atribuições de Pedro não se limitavam a elaborar e a atender aos requisitos do planejamento de produção, nem a apenas liderar os processos de fabricação de embalagens. Pedro, como gestor, era responsável por uma equipe de 150 pessoas, dividida em três grupos, de acordo com as três linhas de produção da fábrica.

"Minha nossa, não sei por onde eu começo", pensou Pedro, olhando a pilha de papéis e relatórios recém-chegados. "Além disso, minha caixa de e-mails está transbordando!"

No seu computador não havia nada que o direcionasse a um novo desafio. Respirou aliviado. Decidiu dar uma olhada geral e verificar o que havia de importante e urgente: os assuntos importantes teriam prioridade. As demandas urgentes seriam delegadas para os supervisores da produção. Afinal, são eles que estão à frente da atividade e conhecem os problemas do dia a dia.

Assim foi feito. Depois de assinaturas e respostas a alguns e-mails, Pedro focou nos relatórios mensais das áreas. Eles tinham sido, nos últimos meses, os balizadores de suas decisões, já que não sobrava tempo para despachar com seus três supervisores, muito menos para se reunir com a equipe. "Vamos ao relatório da linha 1", pensou alto.

Pedro constatou que o planejamento mensal da produção fora atendido dentro da meta, o orçamento estava equilibrado, os indicadores estavam alinhados às metas do planejamento de custo, mas não às de volume de produção. O índice de rejeição estava alto. O gerente estava espantado!

"O que é isto? O índice de rejeição duplicou na linha 1? O que será que aconteceu?", perguntou-se.

Pedro sabia que havia um padrão de execução aceitável e que embalagens fora da especificação correspondiam à rejeição. Ou seja, se a produção fabricou mil embalagens e teve 10% rejeitadas, isso significa que a empresa não atendeu às metas de volume e qualidade e, consequentemente, não atendeu às necessidades dos clientes.

Imediatamente tentou ligar para Nilo. Ele, como supervisor da linha, saberia dizer o que havia acontecido. O telefone tocou insistentemente. Nem Tânia, a sorridente secretária de Nilo, nem ele atenderam. Pedro logo imaginou que Nilo deveria estar na fábrica. Marcou em vermelho o que não estava conforme e pegou o relatório da linha 2 para analisar.

Na fábrica, Nilo estava irritadíssimo. Ele foi obrigado a parar a linha 1, porque uma das operadoras ia causando um acidente feio por não usar equipamento de proteção individual (EPI). Não usava as luvas que a protegeriam de um corte ou até de perder uma das mãos nas engrenagens da máquina que operava.

– Nilo, luvas atrapalham meus movimentos – argumentou Lícia, uma operadora de máquinas que vinha se destacando entre as demais pela destreza manual e rapidez na resolução de problemas. – A máquina poderia ter cortado minha mão, mas isso não aconteceu, nem acontecerá.

– Equipamentos de segurança são feitos para proteger e não para atrapalhar. Além do mais, são obrigatórios! – respondeu Nilo com firmeza.

– Nilo, se a máquina oferecer proteção de segurança aos operadores, não precisaremos mais usar luvas. Luvas atrapalham, tiram a sensibilidade das mãos e não permitem que se tenha a agilidade necessária para cumprir as metas de produção sem gerar rejeição.

Nilo percebeu que a equipe, inexplicavelmente, dava razão à Lícia. Ele sabia que, havia muito tempo, seus operadores tinham solicitado à manutenção que providenciasse uma proteção eficiente nas engrenagens e em outras peças móveis da máquina.

Rui, um antigo operador que participava do sindicato, pediu a palavra e ratificou os argumentos de Lícia, exigindo mais segurança e saúde. De quebra, ainda falou de meio ambiente, qualidade, produtividade e responsabilidade social. Meia dúzia de colegas se agitou.

– Este é um problema meu com o Nilo. Parem! – gritou Lícia com as mãos para o alto.

– Muito bem, marcaremos uma reunião com o sindicato para discutirmos isso – respondeu Nilo em voz alterada, visivelmente nervoso e irritado.

– Insira na pauta a discussão sobre o pagamento adicional por produtividade! – gritou de longe Rui.

O supervisor percebeu que aquela discussão não levaria a lugar algum! Ou pior, poderia levar Lícia para a rua! Se ela decidisse sair ou fosse demitida, ele ficaria em maus lençóis. Ela é uma das melhores operadoras, com perspectiva de promoção em breve!

A comunicação entre as partes pareceu inadequada, pelo ponto de vista de Nilo. Ele se questionava por que estava nervoso. Afinal, lembrou-se de que um relacionamento eficaz depende muito da comunicação entre as partes.

> O relacionamento interpessoal está diretamente vinculado à capacidade de se comunicar, de dar e receber informações.

Nada disso, no entanto, justificava aquele bate-boca. Caso houvesse um acidente, as consequências seriam sérias para Lícia, e ele responderia por isso. Com a sua autoridade de supervisor, decidiu suspender o assunto, mandou religar a linha e retornou à sua sala. Dessa forma, acreditou que tomara a decisão acertada. Definitivamente, esta não era situação para persuasão ou convencimento, pensou. Falaria com Lícia novamente, quando os ânimos se acalmassem.

> A efetividade da comunicação é afetada pela atitude e pelo uso do poder.

Pedro, em sua sala, prosseguia com a leitura dos relatórios. Ainda preocupado com o que poderia ter acontecido na linha 1, apressou-se em examinar o índice de rejeição mensal referente à linha 2. Com certeza, Joca, o experiente supervisor, o teria informado se algo desse errado. Pedro sempre incentivou isso. Para ele, a comunicação deve fluir abertamente. É algo que ele próprio pratica.

> Todo líder deve ter coerência entre dizer o que deve ser feito e fazer o que diz.

Para surpresa de Pedro, os índices de rejeição também haviam subido na linha 2! Imediatamente Pedro lembrou-se de que o sr. Zé vinha tendo dificuldades com a regulagem da máquina de selagem das embalagens tipo A27. Seria isso? Pegou o telefone, mas repensou, e ligou antes para o Joca. Ouviu sinal de ocupado. Apreensivo, saiu para tomar um café.

Neste meio-tempo, Nilo chamou Lícia à sua sala. Ela parecia receosa. Afinal, um "disse me disse" no corredor indicava que seria demitida.

A notícia (ou seria o boato?) chegou aos ouvidos de Pedro durante o café. O que estaria acontecendo? "Este tipo de comunicação informal pode ser perigoso", pensou.

Enquanto descia as escadas de acesso à fábrica, Pedro se deu conta de que a sua correria e a perseverança em atender aos desafios propostos pelo sr. Oliveira haviam feito com que ele deixasse de dar a atenção merecida à equipe. Embora tivesse desenvolvido habilidade em delegar, sabia que a presença física do líder, frente à equipe, tinha efeito revigorante e educacional nas relações interpessoais. Bem diferente da comunicação fria, via e-mail, que vinha mantendo ultimamente. Seria este o problema?

> Todo líder cria condições favoráveis à comunicação e promove a comunicação escrita, verbal e não verbal coerente com sua atitude [Macedo et al., 2007].

O gerente chegou à linha 1, em funcionamento, e tudo parecia tranquilo.

– Onde está o Nilo? – perguntou a um rapaz que inspecionava a dobradura de uma caixa.

Com a informação, dirigiu-se à sala do supervisor.

O clima de fofoca na linha retornou. Pedro, com certeza, estaria lá para demitir Lícia. Ou será que ele demitiria o Nilo? Se Nilo fosse demitido, quem seria o substituto? Há uma turma que jura que ouviu que ambos seriam demitidos!

> A fofoca ocupa o espaço se a comunicação clara e aberta não fizer isso.

"Preciso verificar, também, o que houve no processo de produção que acarretou o aumento do número de embalagens rejeitadas", pensou Pedro enquanto cumprimentava Tânia, que o recebeu, como sempre, com um sorriso.

Ao entrar na sala, encontrou Nilo falando abertamente com Lícia. Percebeu que ele a repreendia. Saiu da sala conforme entrou. Ele sabia que elogios devem ser feitos em público; repreensões, reservadamente.

Enquanto isso, pediu licença e usou o telefone interno de Tânia para ligar novamente para Joca. Precisava saber, através do supervisor, o que tinha acontecido na linha 2.

– Produção, bom dia. Joca falando.

– Salve, Joca. Como vão as coisas por aí?

– Muito trabalho e muita coisa para resolver com você. Embora você abra e responda rapidamente todos os e-mails, nada é melhor do que a gente conversar pessoalmente.

– Você tem razão. Aparentemente, a alta conectividade não garante uma comunicação eficaz. Estou na sala do Nilo e, em seguida, passo aí. Preciso conversar com você sobre as embalagens rejeitadas.

– Este é o velho problema que temos com o controle de qualidade. Não tem jeito. Eles não me entendem e eu não os compreendo. A barreira na comunicação é mútua! Um fala grego, e eu mal falo português.

Sorrindo, Pedro desligou o telefone e decidiu entrar na sala de Nilo para ver o que estaria acontecendo. A par de tudo, Pedro, calmamente, conversou com ambos. Reiterou, olhando firmemente para Lícia, a importância do uso dos EPIs e prometeu conversar com a equipe do sr. Zé para melhorar a segurança na operação da máquina de corte.

Praticando a comunicação "olho no olho", de forma clara e explicada, Pedro a informou de que ela vinha se destacando como operadora e que um incidente como este poderia colocar em risco todo o bom trabalho que fazia.

– Equipamentos de segurança são para serem usados e não criticados, reiterou Pedro.

Neste momento, Lícia percebeu que Pedro lhe dava um *feedback*[1] positivo sobre sua atuação. Reconheceu que o *feedback* é um processo de avaliação conjunta e recordou-se do que um professor do curso técnico lhe ensinara: no ciclo da comunicação (figura 1), no qual ela era a receptora da mensagem, Pedro era a fonte ou o emissor, o canal era a voz transmitida pelo ar e o código era a linguagem utilizada. Com relação ao ruído, ela recordou que é tudo aquilo que pode prejudicar ou atrapalhar a transmissão de uma mensagem. Imediatamente associou "ruído"

[1] *Feedback* é "a comunicação a uma pessoa ou grupo no sentido de fornecer-lhe informações sobre como seu comportamento ou desempenho está afetando outras pessoas. É um processo de ajuda para manutenção, melhoria ou mudança de comportamento" (Novo et al., 2008:92).

à fofoca gerada pelo pessoal da linha 1, ao diálogo difícil sobre o EPI e à irritação dela e de Nilo. "Tudo isso são ruídos", pensou, "além do barulho de sempre da fábrica". Aquela reflexão atrapalhou a informação que gostaria de passar para Nilo. "Não faltará oportunidade", pensou. No entanto, percebeu que a hora seria aquela, mesmo na presença de Pedro.

Figura 1
Ciclo da comunicação

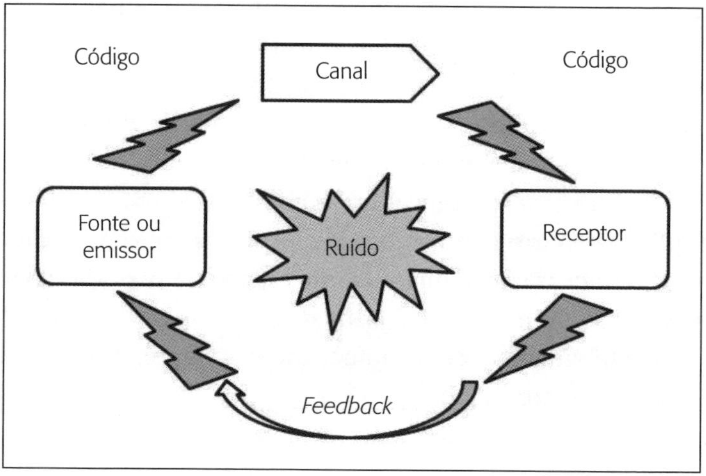

Fonte: adaptado de Macedo et al. (2007:74).

Lícia demonstrou ter ouvido e entendido o recado. Agradeceu a Pedro o elogio e prometeu cumprir as diretrizes de segurança. Quando tudo parecia resolvido de forma assertiva, ela pediu a palavra. Ajeitou-se na cadeira, levantou o rosto. Usou o corpo para se comunicar:

– Algumas coisas precisam ser ditas – afirmou ela.

Pedro se inclinou para frente, para melhor ouvi-la. Nilo cruzou os braços. A comunicação não verbal se fez presente. Afinal, conforme Weil (1986), nosso corpo fala.

Nilo também prestava o máximo de atenção. "O que seria desta vez?", pensou.

> Um líder escuta atentamente [Macedo et al., 2007:75].

– Pedro, gosto muito do que eu faço, mas há algo que me incomoda.

– Diga. Afinal, toda comunicação, para ser concretizada, precisa ser de mão dupla.

– Percebo que eu acabo trabalhando mais que os outros, ganho igual a todos e há alguns colegas que, simplesmente, não fazem nada o dia inteiro. Vocês acham isso justo?

– Por que você acha que isso acontece? – perguntou Nilo, ignorando a queixa.

– Não sei, mas acredito que seja função de vocês descobrirem. Vocês são gestores e eu não. Caso haja alguém desmotivado é problema dele e de vocês. Eu, por enquanto, ainda estou motivada. O Nilo vive me pedindo para fazer coisas além do meu trabalho, e eu ainda carrego nas costas alguns colegas de equipe. Faço a minha parte, mas gostaria que vocês fizessem a de vocês.

– Ok, Lícia, muito obrigado e parabéns pela coragem de se expor. Volte ao trabalho. Nilo irá com você, informar aos seus colegas que ninguém será demitido, mas que eu não abro mão da segurança aqui dentro. Entendido?

– Perfeitamente.

Pedro e Nilo se entreolham. "Pode ser que seja um problema de supervisão o que está afetando a motivação", pensou Pedro.

"Acho que vai sobrar pra mim", preocupou-se Nilo.

A força da motivação

Enquanto se dirigia para a sala de Joca, Pedro tentava colocar sua cabeça em ordem. Pensava em Nilo e em sua equipe.

"O problema parece bastante ligado à falta de motivação e isso pode pôr abaixo anos de trabalho ou um projeto inteiro. Eu precisava estar mais perto da equipe e..."

O toque do seu celular interrompeu seus pensamentos. Era Suzy.

– Oi, Suzy, diga.

– Soube que houve um probleminha na linha 1. O que o Rui está reivindicando desta vez?

– Novamente a história dos ganhos de produtividade. Pede que o assunto seja colocado em pauta de reunião comigo e com o Nilo.

– Deixe isso comigo. Vou conversar com sr. Oliveira. Talvez dê para inserirmos o assunto em reunião com o sindicato na ocasião da negociação do dissídio coletivo.

– Ok. Mas os ânimos estão exaltados – disse Pedro.

– O que me preocupa é que se pagássemos os ganhos de produtividade não garantiríamos a motivação deles. Mas como não pagamos, eles podem estar desmotivados.

– Esta pode ser a razão da inquietação, você não acha? E desmotivação também pode gerar desperdício, erros, acidentes... Não pode?

– Com certeza.

– Já imaginava. Quando forem se reunir com eles, me avise. Estarei com vocês.

– Ok, Pedro. Obrigada – Suzy desliga.

"É... as noticias correm nesta fábrica!", pensou Pedro.

Chegando à sala do supervisor, o gerente se deu conta de que Joca tinha razão. Há algum tempo não o encontrava. O supervisor da linha 2 é uma pessoa que Pedro aprecia: é franco, diz o que pensa sem nenhum rodeio e trata seu pessoal da mesma forma. Toca a produção como se fosse o dono da fábrica. É o tipo de empregado que todos gostariam de ter, ao mesmo tempo que é querido pela equipe. Não deixa de ser rigoroso quando o assunto é resultado. Todos sabem disso e o respeitam.

– Oi, Joca!

– Café, Pedro?

– Não, obrigado. Estava com Nilo. Houve um quase acidente na linha 1, seguido de muita agitação.

– Também percebo certo agito, ou melhor, certa inquietação no ar. Está acontecendo isso na minha equipe também – responde Joca.

– Vamos aos fatos.

– Muito bem. Você conhece o Carlos Alberto, o Beto. Ele é um líder, mesmo não ocupando qualquer posição formal de liderança. Estou intrigado com a sua reação. Ou melhor, com a falta de reação ao que deve ser feito. Estive me perguntando por que razão isso vem acontecendo. Afinal, ele trabalha na produção há dois anos e sempre foi bem-avaliado. Seu trabalho era rotineiro, mas ele o cumpria religiosamente. Ai do almoxarifado se ameaçasse deixar de entregar matéria-prima e comprometesse a produção! Agora que ele foi transferido para o escritório da produção, não reage da mesma forma! E ainda recebeu um aumento salarial. Ele sabe que lá a responsabilidade é maior e que precisamos de uma atitude firme e conhecedora da produção como um todo.

– Ele queria ser transferido? – perguntou Pedro.

– Não sei. Não perguntei a ele. Simplesmente fiz a comunicação. Ele queria aumento de salário e achei que seria uma oportunidade. Afinal, ele merece. Para não criar confusão com outros profissionais, decidi transferi-lo. Assim, pude lhe dar um dinheiro a mais, sem mexer no meu orçamento. Fiz isso com o Ricardo e deu certo. Por que deu certo com o Ricardo e não daria com Beto?

> Pessoas são diferentes e podem reagir de forma diferente aos mesmos estímulos. Cada uma tem uma maneira própria de ser e de se conduzir nas situações do dia a dia. O que funciona com uma não necessariamente funcionará com outra.

– Talvez o Ricardo desejasse isso. Pessoas são diferentes. O Beto me parece que gosta de trabalhar com gente. Na sala da produção ele trabalha com planilhas e números.

– Você tem razão. Posso perder um bom profissional, se ele não se adequar ou se mantiver desmotivado. Tudo porque tive uma comunicação inadequada com ele. Pedro, talvez, você precise estar mais presente por aqui. A meu ver, a desmotivação é geral.

– Vou ficar mais atento a isso. E o índice de rejeição?

– Acho melhor nós irmos almoçar. Este papo é longo.

– Não vai dar, Joca. Tenho de retornar à minha sala. Amanhã à tarde espero você lá. Pode ser às 15h?

Pedro subiu as escadas em direção à sua sala e nem percebeu um grupo de pessoas, que faziam parte da sua equipe, cumprimentá-lo. A manhã foi agitada e suas pendências possivelmente aumentaram.

O celular do Pedro tocou. "Mais trabalho!", pensou. Mas não, era seu filho, Tiago.

– Oi, filho. O que houve?

– Pai, preciso que você venha aqui na escola com urgência e agora!

– O que aconteceu? O que foi que você aprontou?

– Nada não. É porque eu quero que você me ajude a convencer a Vivi a namorar comigo, senão ela vai namorar o Lucas.

– Eu não preciso ir aí para isso. Vai fundo, filho! Converse com ela, pois quando a gente conversa, a gente se entende. A comunicação é tudo. Vai dar certo, acredite. E se não der certo com a Vivi, tem mais meninas de olho em você.

– Você acha, pai?

Sorrindo, Pedro desligou o telefone. Essa ligação lhe deu outro ânimo e até um pouco de fome.

Quando saía para almoçar, Lourdes, sua secretária, o interrompeu com uma pilha de documentos para serem assinados.

– Lourdes, não gostaria de assiná-los antes de lê-los. Deixe aqui, que depois do almoço eu assino. – E, olhando para a tela do computador: – O que é isto?! – admirou-se Pedro.

Na sua frente estava o desenho de uma embalagem que ele mesmo havia projetado. Um de seus feitos e motivo de orgulho. Tinha certeza de que essa embalagem já rendera tanto dinheiro para a Embatec que seu salário já fora pago um milhão de vezes. Na embalagem estavam impressas três palavras:

Motivos Ações Necessidades

Lourdes o surpreendeu de olhos fixos na tela, coçando a cabeça. Sua secretária o interrompeu:

– Algum motivo para estar com esta cara?

– Motivo? Todos. Espera aí. Por que você falou a palavra motivo?

– Hã?

– Deixa pra lá. Vou almoçar.

Pedro almoçou pensando na manhã agitada. De vez em quando vinha a lembrança da conversa com o filho. "Ele está um homenzinho", pensou orgulhoso.

Sem sobremesa, voltou diretamente para sua sala. Conseguiria pensar? Motivos, ações, necessidades.

Pedro não via lógica entre as palavras. Tentou associar com o ocorrido pela manhã. Pensou na equipe. Talvez eles estejam precisando de mais atenção.

Voltou aos relatórios. Na linha 3, parecia que as coisas iam dentro dos conformes. Não era surpresa, porque era uma linha de fabricação mais voltada para a pesquisa e desenvolvimento, no intuito de gerar inovações. Nenhuma organização, nos dias de hoje, sobrevive sem inovação. Uma folha pendurada em seu quadro de avisos fazia com que ele se recordasse constantemente disso.

> Não importa se são inovações graduais ou saltos radicais. Podem ser geradas por avanços tecnológicos ou demandadas diretamente a partir da evolução de mercados. O que importa é inovar sistematicamente, a partir de uma cultura organizacional que promova isto [Pieracciani, 2008:26].

Recordava-se, também, de que na linha 3 trabalhava Maria. Ela tivera uma brilhante atuação, quando sr. Oliveira o chamou à sua sala e lançou o primeiro desafio.

De volta à realidade, sobre sua mesa chamou-lhe a atenção um artigo em uma revista especializada em embalagens. Noticiava que a Unilever, uma multinacional americana, havia lançado uma embalagem biodegradável, contendo sementes de plantas. Quando descartada, a embalagem se degenera, libera as sementes, que servem de alimento para os pássaros. O excremento deles vira vida novamente. Chamou sua secretária.

– Lourdes, por favor. Veja que exemplo fabuloso! Encaminhe para o René, supervisor da linha 3. Peça para ele ler e preparar uma apresentação para a diretoria. Quero que todos tenham conhecimento. Convide os outros supervisores da produção e o Fernando. Ele, como gerente de marketing, precisa saber disso.

> Líderes estão sempre atentos ao ambiente externo. Sempre se instruem e aprendem. Também são educadores. Sabem comunicar seus ensinamentos de forma que sejam multiplicados por todos. São formas de estimular a motivação.

A seguir, listou suas pendências. Separou-as em importantes, urgentes, delegáveis e não delegáveis. Das tarefas que ele próprio deveria resolver, ficou um bom tempo olhando a relação. Descobriu que não havia, necessariamente, uma ordem, mas, ainda assim, enumerou as tarefas indelegáveis:

1. Atenção à equipe (faltaria motivação?).
2. Conversar com o Nilo – observar seu comportamento.
3. Pesquisar causas do aumento de peças rejeitadas nas linhas 1 e 2. Seria máquina, método, material ou operação inadequada?
4. Motivos, ações, necessidades – o que isso quer dizer? O que eu posso aprender com isso?
5. Conversar com a diretoria. Abrir uma linha de pesquisa de embalagens que não agridam o meio ambiente.

Com ajuda de Lourdes, planejou em sua agenda a visita diária às linhas.

– Preciso estar mais junto deles, Lourdes. Joca acha que a equipe dele está desmotivada e, pensando bem, talvez esteja acontecendo o mesmo com a equipe do Nilo.

– Você acha que as equipes estão desmotivadas? Que motivos teriam para sentir-se assim?

– Desconheço os motivos, mas... Eureca! – Pedro deu um grito e correu para a estante, sob os olhos espantados da secretária.

– Pedro, o que houve? Você está muito estranho hoje! Quando lhe perguntei o motivo, você falou alguma coisa que eu não entendi. Agora de novo.

– Não se preocupe. Estou melhor do que você imagina – disse, folheando o livro de Motta (1993). – Já a chamo para continuarmos.

Porém Pedro não a chamou. Passou o restante da tarde trancado na sala. René ligou para falar sobre a reunião com a diretoria e foi Lourdes quem marcou a data. Seria dali a uma semana.

Lourdes já havia ido embora, quando Pedro atendeu o telefonema de Suzy. Ela o informou de que sr. Oliveira autorizou ouvir o sindicato com relação aos ganhos de produtividade:

– Você e Nilo não precisam se preocupar com isso.

Ao ouvir tal afirmação de Suzy, Pedro respirou aliviado: "Menos um problema", pensou.

Pedro aproveitou a ligação para pedir a ela e a Laura que arrumassem um tempinho para conversarem sobre motivação. O assunto, de repente, ganhou o interesse de Pedro.

Combinados, Pedro voltou a se fixar no livro e conseguiu juntar as primeiras peças:

Motivo + ação = motivação

"Talvez, como líder, eu possa influenciar o desempenho e a motivação da equipe", pensou. "Mas por que algumas pessoas dão o máximo de si, enquanto outras fazem o mínimo indispensável?"

Motivos para a ação

Pedro foi para casa por volta das 22h. Tiago o aguardava ansioso. Não queria dormir. Tinha um motivo: a Vivi aceitou namorar com ele.

– Pai, ela quis me namorar e disse que não quer namorar o Lucas!

– Porque você é um garoto legal. Agora, vá para a cama. Amanhã você tem escola.

Tiago foi dormir, mas Pedro não. Cada vez mais, ele tinha certeza de que, se continuasse a estudar o assunto, iria descobrir a relação entre as três palavras e uma das situações que vivenciava na fábrica.

Pensou no filho. Ele estava tão motivado com a ideia de namorar a Vivi que partiu para a ação.

Com este pensamento, foi vencido pelo cansaço. Deu um beijo em sua mulher e só acordou com o despertador tocando. Não queria acreditar. Necessitava dormir bem mais.

Sr. Oliveira decidiu, naquela manhã de sol, dar uma volta pela fábrica. Passou pela sala de Suzy e a viu conversando com Gustavo. "Como estará indo o desempenho dele?", pensou.

Decidiu checar os resultados da pesquisa que René estava desenvolvendo com um novo material para embalagens impermeáveis. Conversou com uma empregada antiga e com uma moça de jaleco. Percebeu que as coisas se encaminhavam bem e que a turma estava empolgada e comprometida.

"Ainda bem. A motivação move o mundo", pensou.

Ao chegar próximo à linha 1, encontrou Pedro com um caderninho na mão. Fazia anotações e, de longe, observava Nilo, que gesticulava bastante enquanto falava com uma operadora.

Pedro, ao ver sr. Oliveira se aproximar, ficou satisfeito. Explicou sua preocupação com o aumento dos índices de rejeição e o questionou sobre o que ele achava da possibilidade de isso ter algo a ver com a motivação das equipes.

– Pedro, estude um pouco mais sobre motivação e vá me procurar ao final do dia. Caso necessite, consulte o computador. Você tem o direito de buscar respostas. Adianto, no entanto, que:

Motivação refere-se aos fatores que provocam, canalizam e sustentam o comportamento de um indivíduo [Stoner e Freeman apud Cavalcanti et al., 2006:86].

Pedro anotou no caderninho e percebeu que estava no caminho certo. No entanto, não conseguia entender se seria o "motor ou o combustível" o que fazia o "carro" andar, ou seja: o que fazia com que as pessoas fossem para frente? Decidiu conversar com Suzy ou com Laura mais tarde.

Nilo veio ao seu encontro. Precisava falar-lhe sobre as reivindicações da sua equipe com relação à segurança, aos valores dos salários, às reivindicações de ganhos de produtividade e, também, sobre o desperdício.

– Como você está lidando com tudo isso?

– Mando eles voltarem ao trabalho, porque temos metas a cumprir e, se ficarmos discutindo, não haverá bônus no final do ano.

Pedro sugeriu continuar a conversa na sala do supervisor. Não havia dúvida de que Nilo estava comprometido, mas não sabia como lidar com tantas situações diferentes ao mesmo tempo.

– Nilo, vamos por partes. Suzy disse para não nos preocuparmos com o sindicato agora. Sr. Oliveira já está ciente e isso entrará na pauta de discussão do dissídio da categoria. Nós também podemos dar chance de participação para a base da pirâmide. O que você acha? Vamos ouvi-los?

– Impossível, Pedro. Se dermos corda, nunca mais seguraremos a turma. Aí só demissão resolve.

– Dessa forma, como os líderes podem influenciar o desempenho daqueles que trabalham com eles?

– Não tenho a menor ideia. Sei que tenho de tocar a produção, cumprir objetivos e metas. É para isso que sou pago e é isso o que a Embatec espera de mim.

– Nilo, objetivos e metas são alcançados pelas pessoas.

Uma empresa é feita de pessoas e por pessoas. São elas que alcançam resultados.

E Pedro continuou:

– Acredito que por meio da comunicação aberta, do diálogo franco, poderemos saber o que está acontecendo. Deve haver motivos para, de repente, o clima ter mudado. Vamos fazer uma coisa: marque uma reunião mensal com eles. Aliás, farei isso com cada equipe e, ao final do semestre, faremos uma reunião geral, respeitando os turnos. Quanto ao desperdício, a partir das peças rejeitadas talvez descubramos a causa, já que você afirma que não se trata de problemas nas máquinas, nem de processo e muito menos da nossa relação com o controle de qualidade.

De imediato, ligou para Lourdes e combinou sua agenda com a do Nilo, que ficou mais confiante. Percebeu que podia contar com Pedro.

– Além disso, Nilo, está na hora de você voltar a estudar. O que você acha de terminar a faculdade?

– Adoraria, Pedro. Engenharia sempre foi meu sonho, mas... se sair de férias já é problema, quem ficaria no meu lugar, caso eu precisasse me ausentar para estudar ou fazer uma prova?

– Mais uma razão. Nós, gestores, sempre precisamos preparar alguém para nos substituir.

– Você quer dizer que eu posso ser mandado embora?

– Eu quero dizer que todos nós temos de crescer nas organizações e que a educação é o caminho. E para crescermos, temos de ajudar os outros a crescer. Tenho certeza de que você prefere crescer a ser mandado embora – disse Pedro, com um sorrisinho provocador.

Neste momento, Tânia os interrompeu. Sr. Oliveira aguardava o gerente de produção em sua sala.

– Ué, ele marcou comigo no final da tarde – disse Pedro admirado, despedindo-se de Nilo.

Na sala da presidência, o aguardavam, além do sr. Oliveira, Laura e Suzy.

– Chamei-o aqui para dizer que estou muito satisfeito por tê-lo surpreendido andando na fábrica. Um gestor não deve ficar trancado em sua sala recebendo e enviando e-mails. Ele tem de ir aonde os processos e os resultados acontecem. Apesar de ser uma tremenda ferramenta, os e-mails limitam a comunicação e afastam o gestor da equipe. Sei que foi isso o que aconteceu com você.

– É verdade, nos últimos meses, por conta dos desafios…

– Hoje – interrompeu sr. Oliveira – você me perguntou se o número de peças rejeitadas tinha a ver com a motivação das equipes. Conversando com nossas especialistas em RH, descobri que podemos apenas inferir quais os possíveis motivos que levam uma pessoa a ter determinados comportamentos, já que não podemos observá-los ou medi-los. O que eu quero dizer com isso? Observamos o comportamento da pessoa, o desempenho da equipe, mas sabemos que cada um é cada um. Nós todos temos nossos motivos, que nos levam a agir como agimos. Pode ser que a equipe tenha motivos para agir como está agindo.

Pedro lembrou-se: motivo + ação = motivação.

– Consciente ou inconscientemente, agimos em função dos nossos motivos, das nossas necessidades. Veja estes *slides*. Vão ajudá-lo no seu desafio e nos problemas que você está enfrentando – disse Suzy. – O primeiro vai ajudá-lo a entender o que é motivação.

SLIDE 1

Definição 1: "Motivação refere-se aos fatores que provocam, canalizam e sustentam o comportamento de um indivíduo" (Stoner e Freeman apud Cavalcanti et al., 2006). **Definição 2:** "Motivação é energia oriunda do conjunto de aspirações, desejos, valores, desafios e sensibilidades individuais, manifestada através de objetivos e tarefas específicas" (Motta, 1993:192).

– Antes, eu tinha dúvidas se a motivação era o motor ou o combustível que movia uma pessoa – disse Pedro, fazendo analogia a um carro. – Agora eu entendi que motivação é o combustível. Sem ele, o carro não anda, mesmo tendo um motor possante.

– É isso aí – comemorou sr. Oliveira. – É algo que vem de dentro de nós! Por exemplo: quando você tem fome, há algo internamente que o direciona para a comida.

– Este algo "de dentro" são as necessidades? – perguntou Pedro.

– Exatamente – disse Laura. – Conforme Vergara (2009), o caráter é intrínseco, nasce de necessidades interiores.

– Agora entendi as três palavras: motivos, ações, necessidades, mas complicou pra mim. Desejos são internos, necessidades são internas. Como um líder, de fora, poderá estimular o outro a fazer alguma coisa, se o que o motiva é interno? Isso é muito complexo para um pobre engenheiro.

– Sim, mas há autores que dizem que a motivação está fora de nós, o que é um absurdo!

– Não complica, Laura! Se Pedro se interessar, é uma ótima dica para ele estudar as diversas teorias e suas contribuições. Aqui, vamos tentar simplificar para o Pedro entender como a motivação acontece e, principalmente, ajudá-lo a estimular a motivação em suas equipes. Vamos focar em uma das teorias mais conhecidas no campo da motivação: a teoria da hierarquia de necessidades, elaborada por Abraham Maslow, um estudioso do comportamento humano.

Suzy acionou o *slide* 2 (figura 2). Pedro se ajeitou na cadeira e começou a ficar ansioso. "Ela quer simplificar e agora vem com teoria da hierarquia de necessidades! E este tal de Maslow?", pensou, mas não falou.

Figura 2

Teoria das necessidades de Maslow

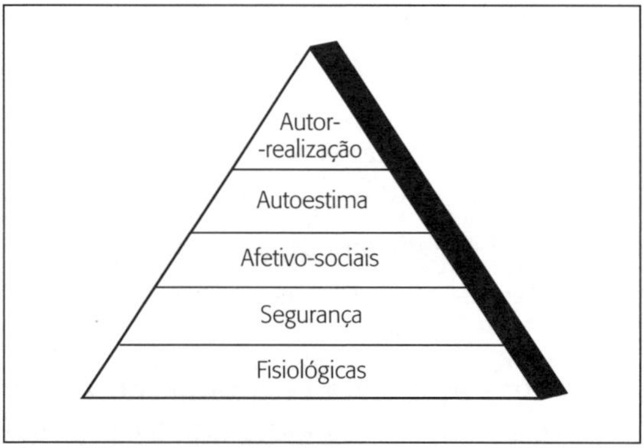

Fonte: adaptada de Maslow (1954).

Suzy explicou que a teoria das necessidades (Maslow, 1954) é uma das mais conhecidas no que diz respeito à motivação humana. O "combustível" que mobiliza as pessoas é a busca da satisfação de suas necessidades.

Nesse momento, Pedro se distraiu. Pensou em Lícia e nas reivindicações do pessoal da linha 1. "Quais seriam suas necessidades?" A seguir, veio-lhe à mente Tiago, com sua "namorada" Vivi.

– Pedro! Você está prestando atenção? – Suzy chamou-o à realidade.

– Hã? Sim, continue.

– Nós, como líderes, podemos estimular a motivação nas equipes, provocá-las para que a organização alcance seus objetivos estratégicos.

– Adianta a organização alcançar seus objetivos, se as pessoas estiverem insatisfeitas?

– Muito bem, Pedro. Você está a cada dia me surpreendendo mais – disse sr. Oliveira. – Na medida do possível, se a empresa conhecer as necessidades motivacionais dos seus empregados, mais sucesso ela terá na sua gestão. Sabe por quê? Porque, desta forma, os mecanismos de reconhecimento e recompensa adotados (por exemplo: promoções, prêmios, bônus, elogios) poderão ser concedidos em função das necessidades básicas ou motivacionais dos empregados, associados, obviamente, ao desempenho de cada um [Mendonça, 2002]. Serão fatores de desempenho e de retenção.

– Entendo, mas qual são as diferenças entre necessidades básicas e motivacionais?

Nesse momento, sr. Zé entrou na sala da presidência e, olhando para a projeção, perguntou:

– Que pirâmide é esta? Vocês, que trabalham em recursos humanos, sempre estão inventando coisas novas. Olá, Pedro, não tinha visto você.

– Olá, sr. Zé.

– Que nada, sr. Zé – disse Suzy, rindo. – Este desenho é da pirâmide de necessidades individuais, dispostas segundo uma hierarquia. De acordo com o autor, apenas depois que as necessidades do nível anterior estiverem satisfeitas, é que uma nova necessidade surgirá, passando, então, a direcionar o comportamento do indivíduo.

Enquanto as necessidades situadas mais na base da hierarquia não estiverem satisfeitas, elas predominarão na determinação do comportamento [Cavalcanti et al., 2006:88].

Suzy continuou:

– Esta pirâmide foi concebida em 1954, com base na observação de pessoas trabalhando. Não é nova!

– Não é tão velha assim, comparando com a minha idade! – brincou o sr. Zé.

Todos deram uma boa gargalhada.

– Vamos por partes. Vou explicar o raciocínio de Maslow e depois eu responderei à sua pergunta sobre a diferença entre necessidades básicas e motivacionais. Está bem, Pedro? – E continuou:

– Na base da pirâmide estão as necessidades de cunho fisiológico: fome, sede, sono, sexo.

– Sexo? Está ficando interessante – brincou sr. Zé. – A verdade é que eu estou com fome e a minha motivação é ir almoçar. Vim aqui para chamar o Oliveira para ir comigo, mas pelo jeito ele não vai satisfazer esta tal de necessidade fisiológica tão cedo! Até já para todos.

– Passe aqui depois, Zé! – E, virando-se para Suzy, sr. Oliveira questionou:

– Neste momento, eu prefiro aprender mais sobre isso a almoçar, embora esteja com fome. Existe mesmo essa hierarquia?

– Maslow, antes de morrer, reconheceu que a hierarquia não é tão rígida como ele imaginava. E a prova está aí. O senhor prefere, em primeiro lugar, satisfazer uma necessidade sua, motivacional, a buscar a satisfação de uma fisiológica – respondeu Suzy, retomando a apresentação.

– Logo acima das necessidades fisiológicas, vêm as de segurança. Todos nós temos necessidade de nos sentir em segurança, ter um teto, uma proteção física, psicológica, um sentimento de estabilidade. Sentindo-me segura, ou melhor, tendo minhas necessidades de segurança satisfeitas, passo para o próximo degrau: nosso lado afetivo-social. Temos necessidades de pertencer, de agrupar, necessidades de afeto, de companheirismo, de amizades. Vale para todos nós, seres humanos.

Todos ouviram atentamente, acompanhando a apresentação de Suzy:

– O próximo degrau da pirâmide de Maslow representa necessidades de autoestima, amor-próprio, *status*, e o último nível está relacionado ao crescimento pessoal e à busca pela autorrealização.

– E as tais necessidades básicas e motivacionais? Não vejo nada disso nesta pirâmide – insiste Pedro.

– Herzberg, outro pesquisador da motivação, dividiu as necessidades em duas partes. As três primeiras, de baixo para cima, são denominadas fatores higiênicos. São necessidades que, se não estiverem satisfeitas, são capazes de desmotivar. A figura que vou lhes apresentar agora compara as teorias de Maslow e de Herzberg.

Figura 3

Comparação das teorias de Maslow e Herzberg

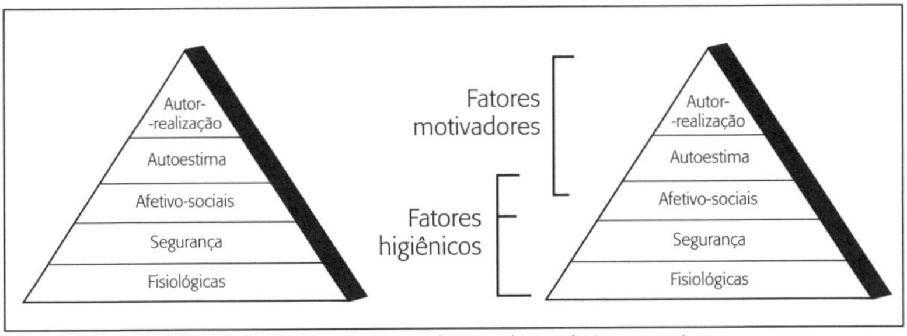

Fonte: Montana e Chamov (2000:206) apud Macedo et al. (2007:95).

– Entendo. Então, se estas necessidades estiverem satisfeitas as pessoas estarão motivadas. É isso?

– Não, sr. Oliveira – antecipou-se Laura. – Não é bem assim. Vou lhe dar um exemplo: o senhor faz questão de que o ambiente da fábrica esteja sempre limpo e arrumado. O fato de estar limpo e arrumado não motiva ninguém, mas se estiver sujo, malcheiroso, aí sim, as pessoas podem ficar desmotivadas para trabalhar aqui. Da mesma forma, salário. Pagar bons salários, na média ou acima da média de mercado, não garante a motivação, mas receber salários baixos desmotiva.

> Os fatores envolvidos na produção da satisfação do trabalho são distintos dos que levam à insatisfação no trabalho [Cavalcanti et al., 2006:94].

– Compreendo. Tem lógica – disse sr. Oliveira.

– Vamos continuar – disse Suzy. – O segundo grupo, Herzberg chamou-o de fatores motivacionais, por se relacionarem diretamente ao trabalho e serem fatores de crescimento.

Suzy reforçou as explicações de Laura com outros exemplos, e saíram todos para almoçar, não só porque o restaurante fecharia em 10 minutos, mas porque a busca por satisfazer uma necessidade fisiológica falava mais alto naquele momento.

No dia seguinte, pontualmente, às 15h, conforme combinado, Joca entrou na sala de Pedro.

– E aí Joca? Como estão as coisas? Melhorou sua comunicação com o controle de qualidade?

– Marquei uma conversa informal com o chefe do laboratório. Vamos ver o que acontece.

– Ótimo. Na verdade, o importante é vocês se acertarem, ou colocaremos em xeque a credibilidade da empresa e a nossa capacidade de produzir com qualidade, sem desperdícios.

– Tem razão. Mas o que eu queria falar com você é sobre a possível desmotivação da equipe.

– Estive estudando sobre isso, depois que você mencionou o fato. Uma das coisas importantes que vou lhe dizer é o que eu aprendi com a Suzy, com o sr. Oliveira e com um tal de Maslow.

– Quem é este? Empregado novo?

– Não, Joca. Foi só uma brincadeira com você. Maslow é um pesquisador do comportamento humano. Ele, ao que parece, conseguiu responder minha pergunta: por que as pessoas se comportam de maneiras diferentes e agem de forma diferente? Por que o que funciona com um não tem o mesmo efeito em outro?

– E o que você descobriu?

– Que nós, além de sermos diferentes, temos necessidades diferentes. São essas necessidades que direcionam nosso comportamento à ação.

Pedro continuou a transmitir ensinamentos ao Joca, durante cerca de duas horas, sobre motivação e gestão de pessoas. Conversaram abertamente. Pedro criou a oportunidade de demonstrar a Joca a importância do aprendizado contínuo como forma de desenvolvimento pessoal e profissional.

Este capítulo apresentou temas que estimulam e mantêm a motivação humana como "combustível" para a satisfação das pessoas e a consecução de resultados com qualidade. Tratou da importância de o líder atuar como exemplo e elemento integrador para suas equipes, bem como gerador da motivação a partir da comunicação aberta, da criação de um clima organizacional saudável e de um ambiente seguro e inovador.

No capítulo cinco, o leitor conhecerá ferramentas que o ajudarão a aprender, a criar e a evitar desperdícios, de forma a melhorar continuamente seus processos de gestão e a desenvolver ainda mais sua liderança.

5

Desafio 4: aprendizado contínuo

Nos capítulos anteriores, nosso personagem, Pedro, aprendeu, por intermédio de um jogo, os principais conceitos de gestão e de liderança e sua aplicabilidade. Este capítulo acentua a importância do aprendizado contínuo no processo de mudança e apresenta ferramentas de gestão aplicadas ao dia a dia da fábrica, visando sempre ao aprendizado e à melhoria contínua da gestão.

Aprendendo a aprender e a criar

Pedro estava orgulhoso de seu desempenho e percebia claramente que havia superado grandes desafios. Sabia que tinha colocado em prática algumas competências de gestão: planejamento, delegação, comunicação e motivação.

Ansioso por um novo aprendizado, foi para sua sala e abriu o site do RH para ver se havia algo novo. Ao abrir, deparou-se com as palavras abaixo em destaque:

Aprendizado contínuo

O que isso queria dizer? Pedro sentiu uma grande curiosidade. Parecia muito interessante a ideia de um aprendizado contínuo e isso o remeteu ao pensamento imediato de que o saber não está pronto, acabado, nunca!

Depois dos desafios anteriores, já não ficava mais surpreso. Sabia que era necessário aguardar, pois logo haveria uma oportunidade de relacionar esse conceito com sua rotina profissional.

Enquanto desenvolvia suas atividades, Pedro pensou onde conseguiria material para estudar um pouco sobre o aprendizado contínuo. Lembrou-se de um colega do MBA da FGV que conhecia o assunto e combinou com ele um encontro para o fim da tarde.

Enquanto aguardava, ansioso, por esse encontro, dedicou-se a vencer os desafios de seu dia de trabalho. No fim da tarde, além da oportunidade de rever um amigo, Pedro conseguiu um bom material relacionado ao tema aprendizado contínuo.

Embora tenha retornado à casa por volta das 22h, tomou um banho e optou por ler o que havia conseguido. Fez um resumo antes de dormir:

Resumo

- Depois das eras da comunicação, da informação e do conhecimento, entramos na era do aprendizado contínuo, em que devemos buscar e aplicar novos conhecimentos, pois alguns se tornam obsoletos rapidamente.
- Um líder de sucesso deve estar pronto para os constantes desafios de mudanças.
- É preciso ter a curiosidade de uma criança e não temer o desconhecido.
- É importante reaprender com os jovens a capacidade da inovação.
- Ser um eterno aprendiz é característica essencial do sucesso profissional.
- O processo de melhoria contínua pode ser obtido por meio da análise constante dos resultados alcançados, comparativamente com os resultados planejados, extraindo desta lacuna as oportunidades de melhoria e novos aprendizados.

Ficou mais tranquilo depois que fez suas anotações. Estava cansado, mas sabia que novos aprendizados se apresentariam no dia seguinte e resolveu recuperar suas energias com uma boa noite de sono.

Ao final da manhã do dia seguinte, recebeu um telefonema do sr. Oliveira chamando-o à sua sala.

Ao chegar, sr. Oliveira convidou-o a sentar-se, ofereceu-lhe um café e iniciou o assunto.

– Pedro, estou bastante satisfeito com seu desempenho. Você tem obtido ótimos resultados em seus últimos desafios profissionais. Por isso mesmo, pensei em você para uma nova oportunidade.

– Obrigado, sr. Oliveira. Estou pronto para um novo desafio, apesar de apreensivo.

– Não se preocupe. Sei que dará conta.

– O senhor me tem apoiado, e isso me torna muito mais confiante.

– Bem, vamos ao nosso trabalho. A Embatec tem crescido significativamente nos últimos anos. Um dos fatores do nosso sucesso é estarmos abertos a mudanças e a novos aprendizados. Para mantermos nossa competitividade, precisamos assegurar boas margens de resultado com redução dos custos e de desperdícios. Além disso, precisamos investir na utilização adequada dos recursos e insumos que nos permitam uma produção ecologicamente correta. Tão importante quanto tudo isso é assegurarmos nossos indicadores estratégicos de responsabilidade social. Temos de trabalhar dentro de princípios que sejam cada vez mais reconhecidos e valorizados por nossos clientes, e querer, genuinamente, estar em conformidade com a construção de um mundo melhor.

– Concordo totalmente com o senhor, e temos trabalhado para isso.

– Sim, temos. Mas você concorda comigo que ainda temos problemas sérios de desperdício para resolvermos?

– Claro, sr. Oliveira.

– O fato é que temos pela frente um novo desafio. Temos de reduzir nosso desperdício em 5%, garantir um indicador de 100% de utilização de recursos, insumos e processos ecologicamente corretos e assegurar um bom resultado em nosso indicador estratégico no que se refere à responsabilidade social, tanto nas pesquisas internas como nas externas. Quero que você seja o líder deste desafio. Forme a sua equipe e me apresente um projeto com todos os indicadores, prazos e custos.

– É um belo projeto. Agradeço a sua confiança. Tenha certeza de que não vou decepcioná-lo.

– Tenho certeza disso. Estarei aqui, se precisar de mim. Gostaria de ver o seu projeto pronto em 10 dias. Este prazo está bom para você?

– Creio que sim.

Pedro se despediu do sr. Oliveira e saiu com a cabeça envolta em pensamentos e articulações. Resolveu tomar um café. Na copa, ficou pensando se haveria alguma ligação entre as palavras "aprendizado contínuo", que surgiram na tela de seu computador, e este desafio que o sr. Oliveira lhe passara. Resolveu ir para a sala e abrir o site. Talvez houvesse alguma novidade por lá.

Ao passar pela mesa de sua secretária, Lourdes o informou de que sua agenda estava repleta. Era preciso agir imediatamente e priorizar algumas ações. Já havia aprendido que o importante vem na frente e o urgente em seguida. Aprendeu também que delegação gera crescimento.

Com a ajuda de Lourdes, distribuiu tarefas e reservou para si o que era importante.

Pedro percebeu que o tempo havia voado. Já era tarde e precisava almoçar. Olhou para o computador, na expectativa de abrir o site do RH, mas, naquele momento, Gustavo apareceu em sua porta e o chamou para almoçarem juntos. Pedro aceitou o convite imediatamente.

No retorno do almoço, sentou-se e seu olhar foi longe, pensando em quem deveria convocar para o novo trabalho. Lembrou-se do time que havia criado para o desafio do projeto da Sumo Saúde. Natália, Humberto e Maria seriam muito importantes em seu novo projeto, pois com isso teria presentes as áreas de criação, materiais e industrial. Precisaria de alguém da área de informática e pensou em Marta, uma profissional jovem e muito dinâmica. Convidaria também a Ana, de RH, e os supervisores de sua gerência: Nilo, Joca e René, pois eles teriam a visão do chão de fábrica e isso seria fundamental. Queria formar uma equipe multiprofissional, com experiências e conhecimentos diversificados, pois o projeto deveria ter penetração em todas as áreas da organização. Estava resolvido: esta seria a sua equipe.

Curioso com o que iria encontrar, olhou seu computador. Deparou-se com uma nova mensagem. As palavras "aprendizado contínuo" continuavam lá, mas havia algo mais.

Aprendizado contínuo

Comemoração **R**elaxamento **I**nsatisfação **A**ção

Fonte: Morim et al. (1998:79).

Pedro ficou intrigado com as letras grifadas (C-R-I-A) e as palavras. Resolveu pesquisar um pouco em Morim e colaboradores (1998) quando observou que elas se referiam ao processo criativo. Concluiu que:

- comemoração – a comemoração do simples fato de estar no processo criativo gera energia positiva na equipe. É importante gerar um clima bem-humorado, mas sem displicência, com responsabilidade;

> É importante vibrar com as ideias de cada um, mesmo se elas não derem certo [Morim et al., 1998:80].

- relaxamento – é facilitar para que todos exponham suas ideias, sem receio de serem criticados. As pessoas não devem se preocupar com o que os outros vão pensar. É essencial, também, ouvir as ideias dos outros para desenvolver mais ainda as suas próprias. Caso as pessoas gastem o tempo se defendendo, não sobrará tempo nem energia para observar todas as ideias sob diversos ângulos e aprender com os outros;
- insatisfação – a insatisfação com as suas próprias criações faz com que a pessoa se empenhe ao máximo, às vezes limitada apenas pelo tempo. Por outro lado, uma pessoa insatisfeita pode desistir de criar, porque acha que não será capaz de desenvolver uma grande ideia. Para ela, é tudo ou nada;
- ação – agir é fundamental, pois trata da implementação, da realização da ideia. Se a ideia for aprovada, deve ser executada no melhor tempo, da forma mais completa possível, mas de maneira simples.

Pedro recostou-se em sua cadeira e ficou pensando em tudo isso. Havia certamente um grande aprendizado nestes conceitos. Deveria estar atento à sua equipe e oferecer-lhe um ambiente favorável à criatividade. Mas deveria ter cautela, pois não poderia deixar que as pessoas entrassem em um estado de insatisfação pessoal, o que inibiria este processo. Compreendeu que o novo projeto iria exigir ainda mais de sua atuação como líder. Em seus pensamentos, dizia a si próprio que teria de lembrar-se do conceito de ação (no C-R-I-A), a fim de não permitir que o desânimo tomasse conta da equipe e esta recaísse no erro comum daqueles que têm muitas ideias e não as colocam em ação. Olhando para o site, viu surgir uma nova mensagem:

> Em qualquer situação problemática, devem-se buscar alternativas de solução criativas.

Antes que surgisse uma nova mensagem que o deixasse ainda mais confuso, decidiu convocar a equipe para a primeira reunião e expor o desafio que teriam pela frente. Chamou Lourdes à sua sala.

– Por favor, Lourdes, convoque Natália, Humberto, Maria, Marta, Ana, Nilo, Joca e René para uma reunião, na sala de reuniões, amanhã às 8h. Escreva no e-mail que se trata da formação de uma nova equipe para um desafio na Embatec. Vou passar para você os itens que iremos abordar para que todos possam vir preparados.

– Certo. Quer que eu providencie um cafezinho com biscoitos?

– O que você preparar será ótimo. Obrigado, Lourdes.

Lourdes fez a convocação para a reunião, utilizando um modelo de agenda que ela mesma elaborou para facilitar a vida de Pedro, o que ele aprovou e elogiou.

"Posso não saber fazer quitutes como a Sheyla, mas em matéria de organização duvido que alguma outra secretária me supere", pensou Lourdes.

Enquanto preparava a agenda, de acordo com as instruções de Pedro, pensava na importância do tempo previsto e do tempo utilizado. Pedro tinha-lhe ensinado a programar seu tempo e não desperdiçá-lo com assuntos fora do foco do objetivo a ser alcançado. Lourdes já havia aprendido muitas coisas sobre gestão e sempre inseria dois tópicos na convocação de reuniões: resultados a serem alcançados – fundamental para que os participantes desenvolvam a visão do que será tratado – e responsáveis pela próxima reunião – uma forma de desafiar as competências de liderança em cada participante.

<table>
<tr><th colspan="4">Agenda da reunião</th></tr>
<tr><td>Data: 25 de maio</td><td colspan="3">Local: Sala de reuniões</td></tr>
<tr><td>Hora de início (prevista): 8h</td><td colspan="3">Hora de término (prevista): 10h</td></tr>
<tr><td>Reunião convocada por: Pedro</td><td colspan="3">Coordenador (facilitador): Pedro</td></tr>
<tr><td colspan="4">Secretária da reunião: Lourdes</td></tr>
<tr><td colspan="4">Participantes: Natália (criação), Humberto (materiais), Maria (industrial), Marta (informática), Ana (recursos humanos), Nilo, Joca e René (produção)</td></tr>
<tr><td>Itens da agenda</td><td>Responsáveis</td><td>Tempo disponível</td><td>Tempo utilizado</td></tr>
<tr><td>❑ Apresentação da agenda
❑ Abertura
❑ Assuntos a abordar:
❑ Desperdícios
❑ Recursos que não agridem o meio ambiente
❑ Responsabilidade social</td><td>Pedro
Pedro
Todos</td><td>10min
10min
1h40min</td><td></td></tr>
<tr><td colspan="4">Resultados a serem alcançados: elaboração de um projeto com proposição de soluções criativas para as situações levantadas</td></tr>
<tr><td colspan="4">Responsáveis pela próxima reunião: Pedro e Maria</td></tr>
</table>

Pedro olhou a agenda e pensou que teria de administrar de forma adequada o tempo disponível; seriam duas horas de reunião. "Espero que todos tenham disponibilidade", pensou.

Logo após ter enviado a convocação, Lourdes começou a receber as respostas de confirmação. Ficou satisfeita em comunicar a Pedro que todos estariam presentes.

Era um novo dia e a manhã se apresentava promissora, com a reunião que iniciaria o novo projeto. Pedro estava ansioso, mas muito feliz com seu novo desafio.

Lourdes chegou cedo e apressou-se em verificar se tudo estava de acordo com o planejado na sala de reuniões. O bolo de laranja que havia trazido da confeitaria próxima à sua casa estava fresquinho e apetitoso. Dava os últimos retoques quando Pedro entrou na sala. Ele tomou um café e pegou uma fatia do bolo.

– Lourdes, este bolo está uma delícia – disse Pedro enquanto ligava o computador.

– Sabia que você iria gostar.

– Bom dia, Pedro, Lourdes – cumprimentaram Nilo, Joca e René, que chegaram juntos.

– Bom dia.

Logo após, chegaram Ana, Natália, Humberto e Maria.

– E a Marta, alguém sabe dela? – perguntou Pedro.

– Deve estar chegando – disse Maria.

– Bem, temos uma agenda para cumprir e é fato que corremos contra o tempo. Já estamos atrasados 10 minutos, não podemos mais esperar. Vamos começar? Assim que a Marta chegar, ela acompanha a reunião com a gente.

Pedro projeta a agenda e discorre um pouco sobre o trabalho que irão desenvolver. Logo a seguir, inicia a sua apresentação com os objetivos específicos do projeto, na busca de compartilhar com a equipe o novo desafio.

Objetivos do projeto:

- reduzir nosso desperdício em 5%;
- garantir um indicador de 100% de utilização de recursos, insumos e processos ecologicamente corretos;
- assegurar nosso indicador estratégico no que se refere à responsabilidade social, nas pesquisas internas e externas.

Marta entrou na sala correndo e pedindo desculpas a todos. Explicou que teve de resolver um problema com o sistema, para que todos pudessem continuar a trabalhar. Conseguiu, rapidamente, pegar a explicação de Pedro e integrar-se na reunião.

Pedro falou sobre a importância de cada um e por que haviam sido convocados para integrarem a equipe. Falou sobre os resultados que queriam alcançar e sobre como fariam isso acontecer. Ressaltou a necessidade da participação de todos com dedicação e compromisso, pois só assim teriam sucesso. Perguntou a cada um do grupo se estava disposto a integrar a equipe e buscar os resultados. Todos estavam entusiasmados com o projeto e confirmaram o interesse.

Dando continuidade à reunião, Pedro solicitou a Nilo e Joca que falassem um pouco sobre as questões que tinham em relação aos desperdícios na fábrica.

Nilo e Joca trouxeram um material para apresentar e ressaltaram que existiam problemas significativos em relação a desperdícios.

– Temos um grande problema de comunicação interna que resulta em perda significativa de nossa produção. Este é um ponto que devemos trabalhar – disse Joca.

– Sem contar que temos um problema de qualidade também. O não atendimento dos indicadores de qualidade nas linhas de produção, resultando em rejeição do produto final, está em 5% na linha 2, o que é muito alto e causa grande prejuízo – acrescentou Nilo.

Pedro fez um comentário com o objetivo de elevar o moral da equipe.

– Quem disse que seria fácil? Mas eu confio totalmente nesta equipe.

Um burburinho tomou conta do ambiente. Todos falaram ao mesmo tempo, frases como: "Vamos conseguir", "Vai dar certo", "Juntos, a gente consegue".

– Temos mais um desperdício significativo – levantou Ana. – O mau uso dos EPIs ainda é causa de afastamento de profissionais por questões de saúde. Isso também é um custo para a organização, além de resultar em perda de produtividade.

– Bem, gente – questiona Pedro –, e com relação aos recursos que não agridam o meio ambiente? René, gostaria de falar sobre isso?

– Com prazer. Precisamos conseguir realizar embalagens biodegradáveis. Já estamos trabalhando neste projeto, mas com essa equipe auxiliando será muito mais fácil. Temos ainda de solucionar tratamentos para alguns resíduos da produção, de forma a minimizar os impactos na natureza.

– Puxa, dá orgulho trabalhar aqui! – exclama Maria.

– Você, então, que é uma amante da natureza, deve realmente estar muito feliz – diz René.

– Com certeza – confirma Maria. – Minha sugestão é a coleta seletiva em todos os setores da fábrica. Já temos as campanhas de preservação do meio ambiente, mas é preciso fazer muito mais.

Pedro tomou a palavra.

– Vocês têm toda a razão. Qualquer processo de trabalho que não esteja em conformidade com os indicadores de qualidade da organização é um fator de desperdício ou perda de resultado. O mesmo se aplica às questões de adequação aos processos ecologicamente corretos e à responsabilidade social. Teremos de estar bem atentos, para acertar nas principais causas e conseguir impacto real com as melhorias que iremos propor e realizar.

Permaneceram na reunião, trocando ideias sobre oportunidades de melhorias que poderiam fazer com que a equipe atingisse os resultados propostos. Pedro estava satisfeito com a reação dos participantes e certo de que havia convocado os profissionais ideais para o trabalho.

Pedro encerrou a reunião, propondo à equipe que fizesse uma lista com todas as possíveis causas de impacto negativo nos resultados que se propunham a melhorar.

– Creio que na próxima reunião podemos utilizar o *brainstorming* para identificar os principais alvos de nosso projeto e para encontrar possíveis soluções para as questões críticas. O que vocês acham? – perguntou Pedro.

Marta falou com convicção:

– Estou visualizando, eu e a minha equipe, levantando problemas e encontrando soluções na minha área. Dá para acreditar? Vai ser muito bom.

– Alguém pode me explicar o que é esse tal de *brainstorming*? – perguntou Maria.

Pedro tomou a palavra imediatamente:

– Claro, Maria. Eu peço desculpas por ter usado um termo e uma referência técnica sem dar as devidas explicações. *Brainstorming* é uma ferramenta que é utilizada para geração de ideias, englobando todos os aspectos do problema ou da sua solução. As ideias são colocadas livremente, sem críticas. Depois, são estruturadas e discutidas. Auxiliam ao grupo a colocar tantas ideias quanto possível no menor espaço de tempo (Brassard, 1991).

– Gostei disso – disse Maria.

Pedro continuou:

– Acho importante aproveitarmos nossas oportunidades de aprendizado e não vou deixar passar esta. Marta citou a importância de envolver sua equipe no trabalho, e isso será fundamental para todos nós. Quanto mais utilizarmos o conhecimento de todos, maiores serão nossas chances de acerto. Além disso, temos de cuidar muito bem de nossa comunicação. Como no exemplo com a Maria, devemos sempre nos certificar de que todos compreenderam a mensagem. É importante também que cada aprendizado seja multiplicado em nossa equipe e na organização como um todo. Em três dias, vamos nos reunir aqui. Está bom para vocês?

Todos concordaram. Pedro solicitou a Lourdes que enviasse o resumo da reunião para todos os participantes e confirmasse a convocação para o próximo encontro.

Aprendizado e mudança: renovação permanente

Pedro voltou o olhar para suas atividades de rotina e trabalhou o resto da manhã. Estava se preparando para almoçar, quando Suzy chegou à sua sala.

– Posso entrar? – perguntou Suzy.

– É sempre um prazer recebê-la em minha sala. Ter você por perto é uma dádiva!

– Não exagere, Pedro! Também gosto muito de estar com você. Como andam os trabalhos por aqui? Sr. Oliveira comentou comigo sobre o projeto que confiou a você.

– Já demos o primeiro passo. Suzy, queria mesmo falar com você. Lembra-se daquele site que vocês me indicaram para desenvolvimento da liderança? Ele é muito intrigante! Tenho aprendido muito com ele. Você conhece bem o site?

– Conheço – disse Suzy, disfarçando para não sorrir. – Você está com alguma dificuldade com ele?

– Não! Absolutamente! Gosto muito de utilizá-lo. Mas estou meio confuso com o que ele está sinalizando agora. Tenho uma mensagem que fala de aprendizado contínuo e tenho buscado me aprofundar mais no assunto. Você conhece alguma coisa sobre isso?

– Claro que sim. E você conhece também. Só não está associando adequadamente o nome ao tema – Suzy sorriu e continuou:

– Lembra-se de algumas das lições de Peter Senge em seu livro *A quinta disciplina*, de 1990?

– Claro. Lembro-me de muitas lições de Peter Senge...

– Uma das lições dele, nesse livro, demonstra a diferença entre a orientação tradicional para a solução de problemas e a orientação criativa para sua resolução. As empresas, inclusive a nossa, ainda cultuam a orientação tradicional para a resolução de problemas, investindo mais em ensinar as respostas certas do que ensinar a criar.

– Concordo plenamente – Pedro falou.

– Segundo Senge (1990), pelo aprendizado, podemos obter mudanças profundas, e, se o processo de mudança é movido pelo aprendizado, ele se renova continuamente.

– Estou compreendendo e rememorando também. As empresas devem estar preparadas para as mudanças, seguindo o ciclo de todos os sistemas vivos: produzir, reciclar, regenerar.

– Isso mesmo – concordou Suzy.

– Suzy, gosto muito de conversar com você. Sempre aprendo coisas novas. Você é uma excelente profissional.

– Você é que é um excelente líder. Nunca perde a oportunidade de oferecer um *feedback* ou fazer um elogio.

– Bem, já vi que a admiração é mútua. Almoçamos juntos?

– Não posso. Agradeço o convite, mas tenho uma reunião agora com sr. Oliveira. Bom apetite!

– Fica para uma próxima oportunidade.

Pedro despediu-se de Suzy e foi almoçar. Ao retornar, abriu o site e encontrou uma nova mensagem. Pedro não sabia, mas Suzy tinha sugerido ao sr. Oliveira que inserisse a nova orientação.

> Nas organizações de aprendizagem, os dirigentes têm as funções de projetista, guia e professor. Eles têm a responsabilidade de construir organizações nas quais as pessoas expandam continuamente sua capacidade de entender a complexidade, definir objetivos e aperfeiçoar modelos mentais – ou seja, eles são responsáveis pela aprendizagem [Senge, 1990:300].

Pedro encontrava cada vez mais sentido no conceito de aprendizado contínuo.

O trabalho da equipe continuou a ser desenvolvido e havia o compromisso de todos com a obtenção dos resultados. Pedro apresentou o projeto com um plano de ação muito bem-definido, em que esclareciam o que deveria ser feito, e o porquê, quem faria, quando, onde e como seria realizado, e qual seria o investimento necessário para sua realização. Tinham indicadores suficientes para uma boa gestão do projeto. Sr. Oliveira ficou satisfeito com o planejamento e aprovou os recursos solicitados, mas deixou claro que cobraria os resultados acordados.

Pedro e a equipe dedicaram-se a implementar o projeto e reuniram-se semanalmente, compartilhando erros e acertos e multiplicando conhecimentos na equipe. O tema de maior polêmica voltou-se para a questão da responsabilidade social. Humberto dedicou-se à pesquisa e encontrou uma definição em Tenório (2004), que o ajudou bastante a consolidar um conceito sobre o assunto e a inspirar a equipe na busca de oportunidades de melhoria neste aspecto, na Embatec:

> A responsabilidade social nas empresas refere-se ao comprometimento constante dos empresários em contribuir para o desenvolvimento econômico assumindo uma conduta ética. Ao mesmo tempo, deve preocupar-se em melhorar e manter a qualidade de vida de seus empregados e de suas famílias, como também da comunidade local e da sociedade como um todo.

O ciclo de melhoria contínua: PDCA

Em uma reunião com sr. Oliveira, Pedro falou sobre as dificuldades de implementação do projeto e em como estavam superando os obstáculos. Havia ainda discrepâncias entre os resultados que vinham obtendo e o que deveriam alcançar. Pedro estava apreensivo e resolveu compartilhar com sr. Oliveira as decisões que iria tomar para ajustar o empreendimento na busca dos resultados.

Sr. Oliveira recebeu-o com satisfação. Sabia que seria uma reunião produtiva.

– Desta vez estou querendo compartilhar algumas decisões – disse Pedro. – Ainda estamos distantes de algumas metas, mas sei que vamos conseguir. Precisamos apenas acertar a estratégia.

– Pedro, diante de tudo o que você me apresentou, estou certo de que irão conseguir. Quero apenas compartilhar com você um aprendizado que entrou em minha vida há algum tempo. Você já ouviu falar em PDCA?

– PDCA? Já ouvi falar sim, mas não estou muito certo sobre o conceito geral.

– Vou te ajudar.

Sr. Oliveira pegou em sua mesa um papel que continha a seguinte informação:

> O ciclo PDCA (*plan*, *do*, *check*, *act*) é um instrumento de grande valia para o planejamento e controle do processo. Este ciclo tem quatro etapas:
> (1) planejamento, que consiste em estabelecer metas e os métodos para atingi-las;
> (2) execução, que envolve a execução propriamente dita e a coleta de dados e resultados;
> (3) verificação, que consiste em comparar os resultados alcançados com as metas;
> (4) ação corretiva, caso seja necessário replanejar o processo [Takashina e Flores, 1996:8-9].

Sr. Oliveira mostrou a figura do PDCA (figura 4) a Pedro e explicou o que estava escrito no papel.

Figura 4
Ciclo do PDCA

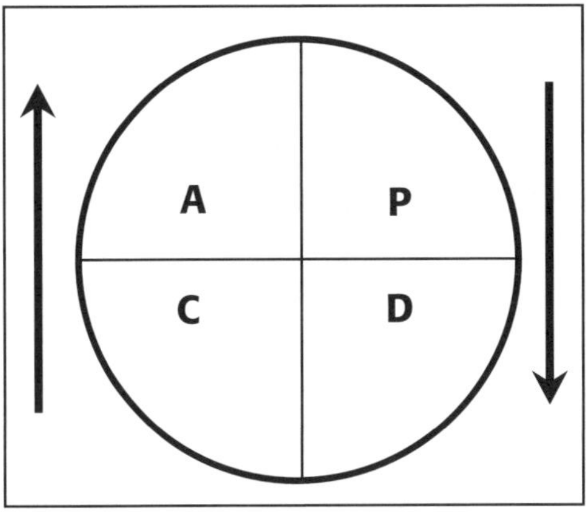

Fonte: Takashina e Flores (1996:9).

– Acho que estou compreendendo – disse Pedro. – O ciclo do PDCA pode me ajudar a encontrar os pontos de ajuste do meu planejamento para revisar os métodos e traçar novos rumos em busca dos resultados. É isso?

– É isso sim, Pedro. Você planejou o seu trabalho de forma correta, mas alguma discrepância não permitiu que o resultado fosse alcançando. Agora está na hora de agir, e agir corretivamente.

– Como posso fazer isso?

– Você precisa identificar as lacunas existentes entre o resultado que você tem no momento e o que deseja alcançar. Reavaliar as causas do problema atual, aprender com os erros e acertos do que foi feito até aqui e traçar um novo plano de ação que faça a correção de rumo em direção ao resultado projetado.

– Claro! Faz sentido. Mas não posso fazer isso sozinho. Sr. Oliveira, sua ajuda foi muito grande mesmo. Vou agora convocar uma reunião com minha equipe. Eles vão adorar conhecer esta ferramenta e vamos trabalhar nisso juntos.

– Sei que vocês vão conseguir.

Pedro partiu em direção à sua sala, convocou uma nova reunião e investiu com sua equipe em revisar o planejamento e aprender com tudo o que haviam realizado até aquele momento. A equipe, com o conhecimento de todos, conseguiu encontrar novas oportunidades e todos juntos empreenderam um novo plano de ação com resultados ótimos, que corrigiram os resultados dentro do que tinham planejado. Comemoraram o sucesso dos resultados com um bom almoço patrocinado pelo sr. Oliveira. Descobriram, ao longo do processo, que teriam de incorporar, na organização, ações de rotina que assegurassem a continuidade dos resultados obtidos. Desta forma, a equipe trabalhou até que todos os projetos desenhados fossem incorporados pelos departamentos responsáveis como processos de rotina, com definição de responsabilidades e metas de melhoria contínua.

Depois da apresentação final do projeto em conjunto com a equipe, Pedro voltou à sua sala, abriu o site do jogo e encontrou algo novo. Aprendeu com Leider (1996) que:

> Toda mudança envolve um processo de tomada de decisão, uma escolha; a mudança pessoal é a transformação de si mesmo.
>
> Transformando-se, o líder ajuda os membros de sua equipe a se ajudarem mutuamente e se emociona com isso.
>
> A mudança promove o autoconhecimento, na medida em que o líder procura enxergar dentro de si, na busca da melhoria constante. E, mais, leva cada membro de sua equipe a buscar o autoconhecimento e crescer como grupo.

Pedro pensou sobre seus desafios e no quanto já havia aprendido. Pensou também, inevitavelmente, no quanto ainda deveria aprender. Fechou os olhos e pensou que, na verdade, era um eterno aprendiz.

Após a apresentação dos resultados, sr. Oliveira solicitou um relatório do aprendizado:

– Estou satisfeito por você ter aproveitado sua capacitação e conseguido superar os desafios. Gostaria que fizesse um resumo, em tópicos, do que você aprendeu nesses dois anos, com esse novo processo de desenvolvimento.

– Aprendi muita coisa!

– Tenho certeza disso, mas ainda há muito o que aprender. Afinal, aprendemos o tempo todo.

– Até com nossos filhos. Pode deixar, vou preparar um resumo. Para quando seria isso?

– Para a próxima segunda-feira às 18h. Será uma reunião extraordinária.

– Sr. Oliveira, gostaria de agradecer-lhe pela oportunidade.

– Ainda não.

Pedro não entendeu o que sr. Oliveira quis dizer.

– Ok, então. Até lá.

Saiu da sala preocupado. O que será que o sr. Oliveira quis dizer com "ainda não"? Os desafios não estariam concluídos?

Neste capítulo, vimos que o incentivo à criatividade e o ciclo de melhoria contínua (PDCA) são ferramentas fundamentais para a aprendizagem contínua.

No capítulo final, a seguir, nosso personagem, Pedro, coloca suas competências de gestão à disposição de Gustavo, auxiliando-o na solução de problemas da Embatec. Pedro vence os desafios propostos e demonstra o seu aprendizado, ao longo de dois anos, resumindo-o em nove slides. Seu esforço foi reconhecido.

6

A escolha

Neste capítulo, consolida-se o papel da liderança no compartilhamento da gestão na organização, na gestão de pessoas e de processos, na motivação, na comunicação e no aprendizado contínuo. Aqui, nossa história encontrará o seu fim. Ou, quem sabe, o início de um novo tempo para a Embatec. Melhor ainda, para todos os personagens que, aprendendo a aprender, poderão alcançar resultados cada vez mais desafiadores.

A preparação para a reunião final

Pedro teve cinco dias para preparar-se para a reunião com sr. Oliveira, na qual apresentou o resumo de seu aprendizado. Tantas coisas haviam acontecido nos últimos dois anos, que ele realmente ficou em dúvida sobre por onde começar. Tentava lembrar-se de tudo, mas muitos aprendizados tinham-se tornado atitudes permanentes em seu dia a dia. Já não pensava antes de fazer; eram ações naturais.

Sua equipe estava bem e seus resultados eram os melhores ultimamente.

Pedro resolveu andar um pouco pela fábrica para ver o que havia de novo. Visitou as linhas de produção e tudo estava correndo bem. Encontrou Lícia e ela aproveitou para agradecer-lhe pessoalmente pela solução encontrada pela equipe do sr. Zé para gerar segurança na operação do equipamento – sem o uso das luvas que diminuíam a sensibilidade do operador.

– Sr. Pedro, agora trabalhamos melhor! Sr. Nilo me disse que nossa produtividade aumentou. Fiquei muito feliz com isso! Estou satisfeita também com o fato de não ter mais de usar as luvas. Elas me atrapalhavam demais!

– Lícia, que bom que está animada! Quero aproveitar também para agradecer por ter continuado a usar o EPI, pois foi fundamental para o aprendizado da equipe. Não resolvemos os problemas ignorando as causas. Só resolvemos nossos problemas quando temos coragem de enfrentar as causas e promover as mudanças necessárias.

– Ah! queria falar com o senhor sobre a minha promoção.

– Soube que foi informada sobre sua promoção na última sexta-feira. Parabéns! Você conquistou essa promoção com sua dedicação e seu trabalho.

– Sr. Pedro, quero agradecer-lhe, e, quando puder, agradeça também ao sr. Oliveira por mim.

– Pode deixar, farei isso com certeza!

– Epa! fiquei muito tempo aqui, vou correndo de volta para o setor. Até logo, sr. Pedro.

– Até logo, Lícia.

Pedro se despediu sorrindo. Lícia era mesmo muito dinâmica, sempre fazendo as coisas e com muita responsabilidade. Era bom trabalhar com pessoas como ela.

Naquela semana, com exceção de Suzy, que ficou à frente da Embatec, os diretores participavam de um congresso importante em um estado vizinho. Com isso, estariam ausentes por três dias consecutivos. Essa ausência sempre trazia alguns contratempos, mas a participação da diretoria em eventos externos era sempre muito importante para trazer novas ideias, oportunidades e para mantê-los informados sobre a concorrência em geral. Tratava-se de um congresso nacional e todas as empresas concorrentes estariam presentes com certeza. Na volta do congresso, a diretoria sempre agendava uma reunião para repassar aos gerentes as informações mais relevantes do evento. Era uma oportunidade ímpar de atualização para todos.

Envolto em seus pensamentos, Pedro encontrou Suzy. Era impossível não perceber sua beleza e o quanto gostava de estar sempre vestida de forma elegante. Trajava um vestido lilás com detalhes em branco.

– Suzy, como você está elegante!

Ela não se constrangia com elogios e sempre demonstrava claramente o quanto gostava de ser percebida como uma pessoa com elegância e bom gosto.

– Obrigada, Pedro. Você é sempre muito gentil. Tem um minuto para um café?

– Tenho sim. Por favor, primeiro as damas!

Ambos sorriram.

Enquanto tomavam café, Suzy conversou com ele sobre a apresentação que o sr. Oliveira havia solicitado.

– Você sabe que a sua apresentação será feita para toda a diretoria? – perguntou ela.

– Não, o sr. Oliveira não me falou isso. Achei que era para ser somente entre mim e ele.

– Ele está muito impressionado com o seu desenvolvimento nos últimos dois anos. Quer compartilhar com os demais diretores esta oportunidade de multiplicar alguns conhecimentos.

– Fico feliz com isso, mas um pouco tenso também!

– Não fique. Eu estarei lá para aplaudi-lo no final. Tenho certeza de que vamos gostar muito da sua apresentação.

– Suzy, já é tarde! Você está com o seu carro?

– Estou sim! Quer uma carona?

– Quero. Deixei meu carro na oficina para uma revisão e só vou pegá-lo amanhã pela manhã.

– Então, vamos desligar os computadores e fechar nossas gavetas. Deixo você em casa!

– Ok. Encontro você em 15 minutos na portaria. Agradeço a carona.

Pedro foi para casa um pouco apreensivo. Teria de falar para toda a diretoria. Isso não estava nos seus planos. Pensou que poderia ser bom, pois também estava tendo um momento de reconhecimento por parte do sr. Oliveira.

Ao chegar em casa, aproveitou para conversar um pouco com Tiago, seu filho, e saber como iam as coisas. Tiago estava chegando aos 10 anos e andava muito próximo do pai. Tinha dúvidas e mil perguntas sobre coisas de meninos, e sobre meninas também. Além disso, gostava muito de esportes e conversava melhor com o pai sobre futebol.

Jantaram juntos em meio a muita conversa e brincadeiras. As crianças foram dormir. Pedro olhou para sua esposa e disse:

– Amor, estou pensando em ter mais um filho!

Ela, assustada, sentou-se na cama e fitou Pedro.

– Pedro, a Rosana já completou seis anos. Tem certeza de que quer começar tudo outra vez?

Pedro riu e abraçou a mulher.

– Não, estava brincando com você. Mas às vezes sinto um pouco de falta de mamadeiras e fraldas!

Os dois riram e ficaram carinhosamente abraçados por alguns minutos.

– Pedro, vamos deitar. Já é tarde e amanhã temos um longo dia pela frente!

Tensão no ar

No dia seguinte, Pedro chegou bem cedo ao escritório. Passou na oficina para pegar seu carro e, como o trânsito estava ótimo, acabou por antecipar seu horário de chegada.

A diretoria havia viajado na noite anterior. Tudo indicava que os dias seriam calmos para que Pedro fizesse sua apresentação. Assim, ele aproveitou a tranquilidade da manhã para iniciar seu trabalho.

Quando voltava do almoço, passou pela sala de Gustavo e percebeu uma agitação atípica. Gustavo gesticulava muito e seus funcionários também estavam inquietos. Havia dois funcionários discutindo. Pedro percebeu uma forte tensão no ar. Achou melhor não entrar na sala naquele momento, para que Gustavo não ficasse constrangido.

Ao chegar à sua sala, tentou concentrar-se na sua apresentação, mas a cena do departamento de Gustavo não saía de sua cabeça. Ligou para ele:

– Departamento Administrativo-Financeiro, boa tarde.

Pedro reconheceu a voz de Letícia.

– Boa tarde, Letícia! Tudo bem com você? É o Pedro.

– Tudo indo. Hoje está sendo um dia bem tenso para a gente. O senhor quer falar com o sr. Gustavo?

– Sim, Letícia. Ele está por aí?

– Está sim. Vou passar a ligação.

– Obrigado.

Pedro esperou um pouco e Gustavo o atendeu.

– Olá, Pedro, tudo bem com você?

– Está tudo bem comigo sim. E com você?

– Mais ou menos. Estou com alguns problemas por aqui.

– Eu posso te apoiar de alguma forma? Tem algo que eu possa fazer?

– Você tem um minuto para trocar uma ideia comigo?

– Claro. Vamos tomar um café na sala de reuniões. Lá teremos alguma privacidade para conversar um pouco.

– Ok. Encontro você lá.

Pedro dirigiu-se para a sala de reuniões preocupado, pois havia percebido certa angústia na voz de Gustavo. Encontraram-se e Gustavo iniciou a conversa:

– Olá, Pedro, vou pegar um café para nós.

Começou a servir o café e foi falando ao mesmo tempo.

– Pedro, eu tenho admiração pelo trabalho que vem realizando ultimamente. Alguns funcionários que trabalham na minha equipe já participaram de equipes de trabalho para desenvolvimento de projetos com você e o admiram muito também.

– Obrigado. Mas acho que não viemos tomar um café para você me fazer elogios.

Pedro sorriu e Gustavo também esboçou um sorriso.

– Não, claro que não. Mas eu precisava lhe dizer isso. Até mesmo para que entenda por que vou conversar com você sobre o que está acontecendo.

Gustavo sentou e começou a falar, demonstrando nervosismo:

– Pedro, estou com um superproblema nas mãos. A diretoria está viajando e você sabe que não vou conseguir falar com eles. Somente teremos contato no final do dia. Eles estão no congresso!

– O que está acontecendo? Vamos olhar juntos para o problema! Teremos mais chances de encontrar uma solução.

– Eu também acredito nisso. Há três coisas graves acontecendo e eu tenho de tomar decisões sobre elas, com urgência. Mas estas decisões irão envolver um volume de dinheiro significativo. Não estou me sentindo seguro.

– Quais são essas decisões?

Pedro tentava conhecer o problema de Gustavo, mas sem fazer pressão sobre ele. Sabia que teria que deixá-lo à vontade para falar o que julgasse conveniente. Não poderia invadir a área de Gustavo, se este não o permitisse. Essa era a atitude eticamente correta.

– Vamos lá! A primeira questão é que estamos com um contrato grande para ser entregue em dois dias. O projeto tem um valor superior de faturamento. O setor de logística de distribuição teve um erro de planejamento e está solicitando autorização para contratação de transporte com valores bem superiores ao orçamento inicial. Sei que é consequência de erro deles, mas, se eu autorizar, vou comprometer um valor significativo da receita do projeto. O sr. Oliveira não está aí para aprovar e eu não sei como resolver isso. É um valor significativo!

– Esse é o seu primeiro problema. Qual é o segundo?

– O segundo é ainda pior, mas dessa vez o erro é meu mesmo! Quer dizer, é do meu setor. Enviamos hoje pela manhã, por e-mail, um demonstrativo de faturamento para o cliente com valores errados. É um erro grave! E também acarretará prejuízo para a Embatec. Eu já pensei em pular no pescoço de dois funcionários meus que são os responsáveis. Estou com muita raiva e não estou conseguindo administrar isso. Não sei como resolver.

– Ok, Gustavo! Reconheço que você realmente está com alguns problemas. Mas vamos ver se conseguimos pensar juntos e encontrar algumas saídas. Qual é o terceiro problema?

– Ah! esse é o pior de todos. Um dos investimentos de capital que fizemos para a Embatec teve uma queda brusca e perdemos um bom dinheiro. Tenho até medo de o sr. Oliveira me demitir. Nós avaliamos a carteira de investimento e, apesar de ser um investimento de risco, tinha todos os sinais positivos de que seria seguro, de que ganharíamos com as ações. Hoje pela manhã o cenário mudou completamente.

– O que você já fez para tentar abrandar algum desses problemas?

– Nada. Não estou nem conseguindo pensar. Tudo o que eu consigo é tomar café e perder a paciência com a minha equipe. Já está todo mundo nervoso no meu setor, e eu sei que agora mesmo é que eles não conseguirão pensar em uma saída adequada. Já estão jogando a culpa uns nos outros. Acho que está todo mundo com medo de perder o emprego.

Pedro respirou fundo, buscou o equilíbrio de suas próprias emoções e manteve a conversa com Gustavo, visando encontrar uma solução.

– Gustavo, sei que parece impossível encontrarmos soluções nesses casos, mas vamos ter de manter nosso equilíbrio emocional e buscar agir com base na razão para encontrarmos oportunidades.

– Está difícil, parece que tudo vai dar errado!

– Enquanto você perceber tudo à sua volta como ruim, não irá encontrar a oportunidade de ver o que pode ser bom. Tente se desligar das consequências ruins e vamos nos concentrar nas oportunidades.

– Vou tentar. Já me fez muito bem dividir isso com você.

– No caso da logística, se você pensar friamente, o que poderia ser feito? Lembre-se de que sempre tomamos decisões mais firmes e seguras quando usamos o conhecimento da equipe.

– Pedro, eu não tenho ainda os dados precisos. Só sei que a perda é grande.

– Perfeito. O que você acha de solicitarmos por e-mail, ao Departamento de Logística, um breve demonstrativo da diferença de cotação do transporte, com dados precisos e documentados?

– Eu já deveria ter feito isso! Ficamos discutindo de modo geral, com base em informações como "grande impacto", "uma perda enorme" e não peguei os números exatos. Vou fazer isso agora!

Gustavo pegou o telefone e solicitou o envio da informação com urgência.

Pedro continuou a articular possíveis soluções.

– Gustavo, creio que, nos dois últimos casos, vamos ter de usar a inteligência e a competência da sua equipe. Que tal reunir os profissionais mais envolvidos com a questão e que dominam o assunto? Vamos discutir com eles e levantar oportunidades.

– Como assim? Vamos? Você vai estar na reunião?

– Gustavo, creio que não devo participar. Você terá de fazer a reunião. Quero apenas conversar um pouco com você sobre qual a melhor estratégia para a condução da reunião.

– Desculpe, Pedro! Eu achei que você iria querer me desautorizar perante a minha equipe.

– Eu jamais faria isso! Além disso, você tem total competência para conduzir a reunião e encontrar a solução. Eu, no seu lugar, também estaria nervoso e confuso. São problemas reais e graves. Mas eu confio muito em você e o admiro também. Sei que vai conseguir resolver.

– Você tem razão, a solução do problema está em minhas mãos e nas mãos da minha equipe. É lá, no nosso departamento, que temos o conhecimento para fundamentar as decisões. Pedro, você está me ajudando bastante a organizar os pensamentos. Vou convocar duas reuniões rápidas com profissionais da minha equipe. Uma para discutirmos a questão do demonstrativo de faturamento e outra para verificar a questão do investimento.

– Gustavo, você só precisa controlar um pouco as emoções. Tente usar mais a sua razão. Assim você irá manter o diálogo produtivo com sua equipe e ajudará a manter o equilíbrio de todos. Lembre-se: nas horas difíceis nós precisamos muito da equipe, mas a equipe também precisa muito de nós.

– Pedro, você tem razão. Ajudou-me bastante. Estou me sentindo mais confiante. Vou lá para buscar algumas soluções.

– Faça isso. Se precisar de mim, estarei por aqui.

– Tenha certeza de que eu vou te procurar.

Saíram da sala de reuniões. Cada um para seu lado. Pedro voltou para sua apresentação, apesar de estar com os pensamentos em Gustavo e sua equipe. Gustavo foi tomar suas providências, sentindo-se bem mais calmo e com maior clareza de ideias.

Por volta das três horas da tarde, Gustavo ligou para Pedro e perguntou se poderia ir até sua sala. Pedro o acolheu de imediato.

– Gustavo, estou à sua disposição. Venha até aqui e falaremos pessoalmente.

Gustavo reuniu alguns documentos e foi até a sala de Pedro. Quando chegou, compartilhou com o colega alguns dados e opiniões bastante relevantes da equipe. Gustavo parecia ter outra energia. Apresentava as questões e pedia a Pedro que o ajudasse a pensar sobre qual das oportunidades de solução que tinham identificado seria a melhor. Conversaram por aproximadamente 30 minutos, trocaram muitas informações e opiniões e, finalmente, Gustavo estava seguro de que tinham encontrado boas soluções. Haveria perda, sem dúvida, mas as perdas foram minimizadas com algumas ações de correção de rumo, encontradas por Gustavo e sua equipe. Pedro tomou a iniciativa de encerrar a reunião.

– Gustavo, me parece que você e sua equipe encontraram boas saídas para as questões. É claro que a Embatec terá perdas, mas percebo que vocês conseguiram reduzir significativamente essas perdas.

– Pedro, você acredita que estamos no caminho certo?

– Tenho certeza de que sim! Tenho certeza, também, de que o sr. Oliveira ficará feliz com as soluções que vocês apresentaram. Agora, não há mais tempo a perder. Você e sua equipe têm pouco tempo para pôr tudo isso em prática e resolver as questões.

– Estou seguro também! Não sei como agradecer. Você foi muito importante neste processo. Tenho de lhe dizer que eu não teria conseguido sem a sua ajuda.

– Você teria conseguido, com certeza, porque a competência para resolver o problema estava em você e na sua equipe. Eu apenas o ajudei a enxergar isso. Parabéns pelas soluções. Foram criativas e eficientes.

– Obrigado. Vou correr para o departamento. Obrigado mais uma vez.

Pedro conclui sua apresentação até o final do dia. Estava satisfeito com o seu trabalho. O telefone tocou e ele atendeu prontamente. Era o Gustavo.

– Pedro, quero compartilhar com você o final do nosso dia. Conseguimos fazer tudo e tivemos os resultados que tínhamos previsto. Correu tudo bem. Minha equipe está mais tranquila e eu, bem, eu estou bem mais aliviado. Muito obrigado.

– Parabéns mais uma vez. Se precisar de mim, estarei aqui.

Nos dias seguintes Pedro não tocou mais no assunto com Gustavo e este também não falou nada. Pedro não comentou com ninguém o que havia acontecido, até porque não caberia dividir os problemas de Gustavo com outras pessoas. Pedro já havia aprendido as lições sobre ética e estava bem atento às suas atitudes quanto a isso.

Gustavo procurou Suzy e comentou com ela sobre o que tinha acontecido e como Pedro o havia ajudado. Falou sobre o comportamento ético do Pedro e o quanto ele havia sido importante na solução de seus problemas. Disse a Suzy que reconhecia em Pedro uma forte liderança e que o percebia como um profissional respeitado por todos os demais da empresa. Entre uma fala e outra, expressou uma frase que foi muito significativa para Suzy:

– Eu não teria o menor problema em me reportar hierarquicamente ao Pedro. Aliás, eu diria para você que, entre os gerentes que temos na empresa, ele seria a única pessoa a quem eu me reportaria com naturalidade. Reconheço a liderança do Pedro e acredito que ele ainda vai crescer muito na empresa.

Ouvindo isso, Suzy pediu a Gustavo que comentasse o ocorrido com sr. Oliveira e que passasse para ele sua experiência com Pedro.

– Você tem razão, Suzy. O Pedro merece que eu faça isso.

Quando sr. Oliveira voltou do congresso, Gustavo pediu para reunir-se com ele e contou-lhe tudo o que tinha acontecido. Falou sobre os prejuízos e sobre as decisões que tinha tomado. Justificou os números e os resultados, mostrando ao sr. Oliveira que havia reduzido ao máximo os prejuízos. Sr. Oliveira pontuou algumas oportunidades de melhoria com Gustavo e sinalizou algumas questões sobre a gestão da equipe e dos processos de trabalho que deveriam ser analisadas e melhoradas. Gustavo concordou com o que o sr. Oliveira lhe dizia e se comprometeu a buscar essas melhorias. Sr. Oliveira já ia terminar a reunião quando foi interrompido por Gustavo.

– Sr. Oliveira, há algo mais que eu quero lhe falar. Não sei se o Pedro já lhe adiantou alguma coisa.

– O Pedro não comentou nada comigo sobre esse assunto. Ele sabia disso? Esteve comigo antes de você chegar, mas não me adiantou nada. Estou sabendo disso tudo por você.

– Então, sinto-me ainda mais no dever de lhe contar mais detalhes de como o Pedro me ajudou neste processo e nestas dificuldades.

Gustavo passou em detalhes o que havia acontecido. Teceu elogios e ressaltou bastante a liderança que Pedro vinha exercendo na organização. A grande maioria dos funcionários reconhecia Pedro como um grande líder. Era alguém em quem as pessoas confiavam e em quem buscavam orientação e apoio constantemente.

Avaliação e reunião final

Sr. Oliveira e a diretoria já tinham observado o destaque da liderança de Pedro, mas o fato ocorrido com Gustavo ajudava a esclarecer que até mesmo ele reconhecia essa liderança. Os resultados de Pedro na avaliação ao cargo de vice-presidente eram superiores, e o aproveitamento que Pedro tivera da oportunidade de aprendizado, ao longo dos últimos dois anos, era muito grande. Resolveu marcar uma reunião com a diretoria para uma avaliação final e fechamento do processo de sucessão. Redigiu a agenda.

Reunião de avaliação final do processo de sucessão

Agenda
Objetivo: avaliar o desempenho final dos candidatos e definir a indicação do novo vice-presidente.
Classificação da reunião: confidencial.
Convidados: presidência, diretoria, Fernando e Laura.

Pauta
1. Análise do desempenho dos candidatos.
2. Indicação do novo vice-presidente.
3. Definição da estratégia de comunicação do processo de avaliação aos dois candidatos: Pedro e Gustavo.

Seria a reunião final e a conclusão do processo de seleção. Pedro seria mesmo o escolhido?

Todos receberam a convocação e reagiram positivamente ao final do processo de avaliação. Individualmente, todos já tinham uma opinião formada sobre a indicação, mas não haviam ainda expressado isso a ninguém.

A reunião aconteceu no dia seguinte à convocação. Todos foram pontuais, e, desta vez, Sheyla se superou no preparo de guloseimas para agradar a equipe. O dia estava quente e ela aproveitou para oferecer aos participantes uma bela bandeja de frutas tropicais com frios. Optou por servir um suco de abacaxi delicioso, mas deixou a garrafa de café para o caso de alguém resolver tomá-lo durante a reunião. Com o calor que fazia, a reação de aprovação foi unânime no grupo.

Suzy estava muito ansiosa. Tão logo o sr. Oliveira chegou, ela se apressou em convocar todos, para que a reunião tivesse início.

Sr. Oliveira sorriu e dirigiu-se para a mesa de reuniões onde, aos poucos, cada um tomou o seu lugar.

– Depois do investimento que fizemos no desenvolvimento e na avaliação de Pedro e Gustavo, creio que podemos dizer que tivemos sucesso em nosso empreendimento – disse o presidente.

Todos concordaram.

– Bem sei que estão ansiosos para dar um parecer, mas gostaria de solicitar a Suzy que fizesse uma breve apresentação com o resumo de nossas avaliações ao longo desses dois anos.

Suzy atendeu prontamente:

– Claro, sr. Oliveira. Será mesmo um prazer repassar com vocês todos os nossos desafios e as observações que fizemos ao longo do processo.

Assim, Suzy apresentou todos os desafios e o desempenho dos candidatos, ressaltando os pontos fortes e os aspectos críticos apresentados e, sobretudo, destacando a forma como cada candidato superou os obstáculos. A transformação do aprendizado em atitude também foi alvo da análise realizada por ela, demonstrando ao grupo como cada candidato deu continuidade à aplicação das competências no seu dia a dia.

Conforme a apresentação chegava ao fim, era nítido para todos que Pedro havia se destacado, e muito, no aproveitamento das oportunidades e, mais que isso, na manutenção do aprendizado nas ações de rotina. Gustavo havia apresentado um excelente desempenho na interatividade com o jogo e na superação dos obstáculos durante os desafios, mas não transformara o aprendizado em atitude com a frequência com que Pedro o fazia.

Quando Suzy terminou, todos aplaudiram. Fábio tomou a palavra:

– Suzy, que bela atuação. Você conseguiu expor para todos nós o passo a passo deste processo com um detalhamento fantástico dos resultados alcançados. Quero dizer que estou muito orgulhoso de ter participado deste trabalho.

Laura, que estava quietinha até então, não se conteve e disse:

– Eu ajudei a Suzy a compilar todos os dados.

Houve um sorriso no rosto de cada um.

Suzy rapidamente falou:

– É verdade. Laura foi muito importante na composição deste trabalho. Eu iria elogiá-la no final, mas como ela se antecipou...

– Parabéns, Laura e Suzy. Vocês receberão um elogio formal da presidência e um bônus pelo excelente trabalho – disse o sr. Oliveira. E, voltando-se para os demais:

– Agora quero ouvir o que vocês têm a dizer. Quem gostaria de iniciar?

Sr. Zé estava angustiado para se expressar e não perdeu a oportunidade:

– Eu faço questão de falar. É muito claro para mim que Pedro aproveitou mais a oportunidade de desenvolvimento que lhe foi oferecida. Ambos superaram os desafios, mas Pedro conseguiu desenvolver-se de forma progressiva, acumulando aprendizados e aplicando os conhecimentos adquiridos no seu dia a dia, mesmo depois de concluídos os desafios. Gostaria de dizer mais uma coisa.

– Diga, sr. Zé – disse Suzy, sorrindo.

– Não foi só o Pedro e o Gustavo que aprenderam muito com tudo isso. Quero dizer para vocês que eu também pude aprender muitas coisas novas. Nestes dois anos, percebo que eu também me tornei um líder melhor. Aprendi muita coisa com cada um dos desafios oferecidos a esses dois profissionais.

Oliveira, quero agradecer pela oportunidade. Nunca é tarde para se aprender coisas novas!

Houve um burburinho na sala. Todos diziam, ao mesmo tempo, que também haviam aprendido muito. Sr. Oliveira revelou-se bastante feliz com isso:

– Estou satisfeito em perceber que todos nós aproveitamos a oportunidade para repensar nossos próprios conceitos e atitudes. Suzy, temos de pensar em uma forma de manter o ritmo de aprendizado contínuo de nossos diretores. Esse desafio é seu!

– Será um prazer.

– Bem – prosseguiu sr. Oliveira –, agora temos de tomar uma decisão. Gostaria de pedir que cada um de vocês falasse um pouco sobre como perceberam o desenvolvimento dos nossos candidatos e dessem seu voto para indicação do novo vice-presidente.

Um a um, todos foram tomando a palavra para si e expressando, de forma organizada, sua avaliação dos candidatos. Sr. Oliveira e Suzy não se surpreenderam ao perceber que a indicação de Pedro foi feita por unanimidade. Houve um reconhecimento efetivo sobre o desempenho de Gustavo, mas todos concordaram que Pedro havia superado as expectativas.

– Muito bem! Temos a indicação do novo vice-presidente. Pedro é o candidato aprovado para ocupar o cargo – disse sr. Oliveira.

Suzy e Laura estavam radiantes com a conclusão do processo. Suzy queria ir logo para o passo seguinte:

– Agora, temos de ter uma estratégia para contar isso a ele. E não podemos esquecer que devemos um *feedback* ao Gustavo.

Fernando propôs:

– No caso do Pedro, eu creio que podemos contar para ele no encerramento da apresentação que ele fará do seu aprendizado. Quanto ao Gustavo...

– Quanto ao Gustavo, minha sugestão é que possamos chamá-lo logo após a nossa conversa com Pedro e conversarmos com ele – completou sr. Oliveira.

Suzy logo se pronunciou quanto à importância de trabalhar a autoestima de Gustavo na comunicação do processo, ressaltando os pontos fortes que ele havia apresentado. Seria importante também que Gustavo percebesse que havia, na Embatec, um caminho de desenvolvimento e crescimento profissional para ele.

Tudo estava acertado. Todos demonstravam satisfação pelo resultado alcançado. Agora precisavam aguardar mais um único dia para a apresentação de Pedro. Despediram-se ansiosos, com um desejo coletivo de que aquele dia acabasse logo e chegasse o momento em que tudo seria apresentado para os candidatos.

O aprendizado

Pedro havia trabalhado com grande afinco em sua apresentação e estava satisfeito com o que produzira. Estava seguro para sua apresentação. Foi para casa naquela noite pensando no quanto havia conquistado de aprendizado e no quanto havia crescido como líder com sua equipe. Era engraçado perceber que havia significativa mudança até mesmo no controle de suas emoções e reações com a equipe. Tornara-se mais cauteloso, mais observador e, sobretudo, um melhor ouvinte dos problemas e dificuldades das pessoas com quem trabalhava. Este comportamento também tinha se manifestado no contato diário com seus filhos e com sua esposa. Pensou com ele mesmo que tudo isso deveria ser o tal amadurecimento pessoal e profissional de que tanto falam.

Naquela manhã, Sheyla chegou cedo à fábrica. Sr. Oliveira tinha deixado bem claro para ela a importância da reunião na qual Pedro iria apresentar um trabalho. Ela cuidou de cada detalhe com muito carinho. Forrou a mesa com uma toalha branca de linho, providenciou brioches salgados e serviu uma salada de frutas maravilhosa. Cuidou do preparo do café, providenciou suco de laranja bem fresco, pois o dia continuava quente, a exemplo da véspera.

Seria desnecessário comentar o quanto todos foram pontuais naquela manhã. A ansiedade tomava conta de todos. Estavam agitados.

Pedro chegou e foi recebido calorosamente pela diretoria, por Fernando e por Laura. Sr. Oliveira chegou logo depois dele e foi direto cumprimentá-lo:

– Bom dia, Pedro. Estou bastante satisfeito que tenha aceitado nosso convite para compartilhar conosco o aprendizado que construiu e absorveu nestes últimos dois anos. Tenho certeza de que será uma experiência de desenvolvimento para todos nós. Bom dia para todos. Podemos começar?

A sala estava arrumada em formato de U, deixando um semicírculo formado com as cadeiras onde todos se acomodaram.

Suzy ligou os equipamentos e Pedro testou o material. Estavam prontos.

Sr. Oliveira fez uma breve apresentação para todos, introduzindo a apresentação de Pedro:

– Pedro, agora é com você. Estamos prontos para ouvir o que tem a nos dizer.

– Obrigado, sr. Oliveira.

Pedro deu início à sua apresentação, sendo bastante claro em suas palavras. Apresentou um total de nove *slides* e falou de forma bastante didática sobre seu aprendizado.

Slide 1

Lições aprendidas ao longo dos últimos dois anos
O conteúdo e a vivência de uma série de desafios me permitiram chegar até aqui. Tudo isso fez de mim uma pessoa melhor e um líder reconhecido por minha equipe!
Pedro

Slide 2

Todo líder deve estar atento à sua equipe!

Competências = conhecimentos + habilidades + atitudes (CHA)

As competências individuais são representadas pelo conjunto de conhecimentos, habilidades e atitudes que cada pessoa mobiliza ao executar uma atividade.

Slide 3

- Um gestor deve ser capaz de estar atento à sua motivação e à dos seus liderados.
- O autoconhecimento é muito importante no desenvolvimento de um líder.
- O verdadeiro líder reconhece que seu conhecimento e análise individual sobre os fatos são menos abrangentes que o conhecimento e a análise coletiva.

Slide 4

- Os projetos de um líder são realizados por sua equipe.
- Para obter sucesso é necessário informar, integrar, estimular e sensibilizar os membros de uma equipe.
- A dedicação à reflexão e à avaliação reduz erros e facilita a realização dos trabalhos.
- Um líder deve ser capaz de analisar problemas e propor soluções adequadas.

Slide 5

- Delegação não é um abandono da responsabilidade sobre os resultados finais.
- Um planejamento adequado inclui as etapas de reflexão, organização e realização.

Slide 6

- O relacionamento interpessoal está diretamente vinculado à necessidade de se comunicar, de dar e receber informações.
- A efetividade da comunicação é afetada pela atitude e pelo uso do poder.
- Todo líder deve ter coerência entre dizer o que deve ser feito e fazer o que diz.

SLIDE 7

- Todo líder cria condições favoráveis à comunicação.
- A fofoca ocupa o espaço, se a comunicação clara e aberta não fizer isso.
- Um líder deve ouvir todos com atenção.
- Pessoas são diferentes e podem reagir de forma diferente aos mesmos estímulos.

SLIDE 8

- Líderes estão sempre atentos ao ambiente externo. Sempre se instruem e aprendem. Também são educadores. Sabem comunicar e passar seus ensinamentos de modo que sejam multiplicados por todos. São formas de estimular a motivação.

Motivação = motivo + ação

- Motivação é um processo que ativa, direciona e sustenta o comportamento das pessoas.

SLIDE 9

- O líder deve estar pronto para os constantes desafios das mudanças.
- Em qualquer situação problemática, devem-se buscar alternativas de solução criativas.

Pedro concluiu sua apresentação dizendo:

– Senhores, é claro que isto é apenas um resumo do tanto que pude aprender ao longo destes dois anos. Tive aprendizados que me modificaram e que sequer consigo transmitir em palavras. O que importa é que tudo a que me expus esteve sempre relacionado à solução de problemas. Essas soluções tiveram de ser encontradas e implantadas com as pessoas e por meio delas. Aprendi a lidar com gente! Aprendi a ouvir as pessoas e, mais do que isso, aprendi a *valorizar* as pessoas. Nada do que fiz poderia ter sido feito sem elas. Este, talvez, tenha sido o meu melhor e maior aprendizado. Hoje eu me sinto muito mais seguro, pois sei que posso contar com uma grande equipe, a equipe de funcionários da Embatec!

Todos aplaudiram Pedro. Ele retomou a palavra.

– Agradeço a atenção de vocês. Quero aproveitar também para agradecer a oportunidade que me deram. Todas essas experiências foram muito importantes para mim.

O reconhecimento do esforço

Sr. Oliveira levantou-se, dirigiu-se a Pedro, cumprimentou-o pela apresentação e disse:

– Pedro, quero que você se sente ao meu lado. Temos uma longa história para lhe contar.

Apesar de muito intrigado com o convite, Pedro sentou-se ao lado do sr. Oliveira e começou a ouvir a narrativa sobre todo o processo de seleção e como o presidente tinha mediado o jogo virtual.

Ao final da explanação do sr. Oliveira, todos estavam emocionados, e Pedro esforçava-se para segurar as lágrimas que tentavam saltar de seus olhos.

Sr. Oliveira continuou:

– Há algo mais que queremos lhe dizer. Todo este processo de desenvolvimento tinha um objetivo específico. Estávamos à procura de alguém que demonstrasse capacidade de liderar uma equipe como a que temos na Embatec e que aceitasse o desafio de se preparar para, um dia, estar à frente desta organização. Pedro, queremos convidar você a assumir o desafio da vice-presidência da Embatec e, ao meu lado, construir o caminho da sucessão presidencial.

Neste momento, as lágrimas de Pedro se multiplicaram e foi impossível disfarçá-las. Os diretores ficaram em pé e aplaudiram a convocação de Pedro para um desafio que seria ainda maior do que este que ele experimentara nos últimos dois anos.

Pedro recebeu os cumprimentos e os abraços de todos os presentes.

Suzy se apressou em chamar o sr. Oliveira e lembrar que eles ainda tinham uma tarefa a realizar. Precisavam conversar com Gustavo. Pedro já tinha a informação de que Gustavo tinha sido avaliado junto com ele.

Enquanto todos conversavam na sala de reuniões, sr. Oliveira e Suzy saíram discretamente e chamaram Gustavo para conversarem. Conversaram de forma franca e aberta, mostrando o quanto ele tinha crescido ao longo do processo e o quanto tudo isso tinha contribuído para o seu desenvolvimento profissional. Ressaltaram a importância que Gustavo tinha para a organização e informaram a ele o convite feito a Pedro para assumir a vice-presidência. Gustavo foi bastante objetivo em sua resposta:

– Vocês bem sabem o que penso sobre Pedro, pois tive a oportunidade de expressar isso recentemente. Estou feliz por ter tido a oportunidade de participar do processo. Quero que saibam que reconheço a liderança de Pedro e estou feliz por saber que ele é o nosso vice-presidente. Gostaria de poder cumprimentá-lo.

Suzy sorriu:

– Eu não esperava outra reação da sua parte. Parabéns, Gustavo! Vamos à sala de reuniões. O Pedro está lá com a diretoria.

Tão logo entraram na sala, Pedro percebeu a presença de Gustavo e entendeu prontamente que já haviam conversado com ele. Foi em sua direção, abraçou-o e cumprimentou:

– Gustavo, eu quero lhe dar os parabéns! Já soube do seu desempenho no processo e sei que somente nós, eu e você, sabemos como foi difícil vencer os desafios que nos foram apresentados.

– Com certeza! Estou feliz por você! Quero que saiba que concordo com o resultado e quero que você receba o meu carinho mais sincero. Conte comigo nesta equipe.

Pedro olhou para o sr. Oliveira e perguntou:

– O vice-presidente da Embatec terá um assessor?

Sr. Oliveira compreendeu o que ele queria. Apressou-se em responder:

– Claro! Será tarefa fundamental do vice-presidente preparar seu sucessor.

Pedro não perdeu mais tempo. Havia percebido o olhar de concordância do sr. Oliveira.

– Bem, pessoal, quero um minuto da atenção de vocês! – disse, dirigindo-se ao grupo.

Todos olharam para Pedro, que ainda estava com a mão no ombro de Gustavo.

– Quero aproveitar este momento para convidar o Gustavo para assumir o cargo de assessor da vice-presidência e construir um caminho de sucesso nos desafios que nos esperam. Gustavo, você aceita este desafio ao meu lado?

– Pedro, você é mesmo um grande líder! Terei enorme prazer em aprender cada vez mais com você. Conte comigo.

Pedro e Gustavo se abraçaram. Sr. Oliveira cumprimentou os dois e fez um breve discurso. Todos ficaram de pé e aplaudiram.

* * *

Nas bancas de jornal, estava estampada a figura de Pedro na capa das principais revistas. O prateado de seus cabelos grisalhos refletia o brilho do desempenho deste líder e da equipe Embatec nos últimos 10 anos.

Neste último capítulo, a Embatec nos mostrou a força da liderança e o papel da alta administração na motivação das equipes e na consecução dos objetivos estratégicos organizacionais. O episódio dos personagens Pedro e Gustavo evidenciou que a cooperação é mais saudável que a competição, e por meio dela é possível alcançar elevados patamares de competência e visões diferenciadas de uma mesma situação.

Foi possível observar, enfim, que todo esforço pode ter sua recompensa, desde que ocorra em um ambiente apropriado, que respeite e valorize as pessoas, dando-lhes oportunidades para interagir, aprender e crescer como seres humanos que são.

Segue-se nossa conclusão a respeito desta história.

Conclusão

A história da Embatec permeia a ficção e encontra eco na realidade. Reflete acontecimentos do cotidiano de muitas empresas por meio de seus personagens, como sr. Oliveira e Pedro.

Nossa história foi criada para levar a você informações e reflexões sobre questões de gestão e de liderança: a liderança do gestor, a liderança do poder decisório, a liderança em todos os níveis da organização. Em seu desenrolar, os personagens interagiram com conceitos e ferramentas que fundamentam a prática da liderança de equipes em situações similares às que norteiam o dia a dia das empresas reais.

No capítulo 1, deparamo-nos com a tardia evidência da necessidade de preparar sucessores para a continuidade da organização. Entretanto, no caso da Embatec, a tomada de decisão, ainda que tardia, foi acertada quanto ao início imediato de um processo de avaliação para escolha interna de um profissional com potencial para crescer e alcançar a alta direção. Verificamos, no amadurecimento da definição do processo de sucessão, a atitude de permitir ao profissional escolhido um tempo no exercício da direção de um negócio, sendo assessorado por um líder experiente e com total conhecimento sobre o negócio e sobre o mercado em questão. Nesse capítulo vimos o dilema da liderança em formar novos líderes e a importância de decisões compartilhadas para assegurar a objetividade dos processos.

No capítulo 2, os líderes da Embatec interagiram com as diferenças entre liderar e chefiar, bem como com as competências para cada uma dessas práticas. Identificaram as fronteiras de atuação entre as duas instâncias e puderam perceber também as proximidades e interdependências existentes.

O capítulo 3 trouxe um grande desafio para Pedro, e vimos como ele enfrentou a necessidade de organizar uma equipe multidisciplinar para alcançar objetivos específicos de um projeto. Tratamos questões como formação e integração de equipes e o papel do líder na delegação de tarefas e ações, considerando as competências e a experiência dos membros da equipe.

Comunicação e motivação foram temas abordados no capítulo 4, e evidenciaram a importância da ação estratégica do líder para a construção de um processo de comunicação eficaz, bem como para despertar na equipe os motivos para agir e realizar os trabalhos que levam à satisfação pessoal e ao alcance dos objetivos estratégicos.

Em seguida, nosso elenco de personagens vivenciou a questão do aprendizado contínuo. No capítulo 5, nossa história trouxe a importância de manter vivo o clima de questionamento, curiosidade e descoberta, a fim de preservar o processo de aprendizado contínuo. Vimos também que aprender a aprender é condição fundamental para a manutenção do desenvolvimento da liderança.

O capítulo 6 nos permitiu encerrar nossa história com a aplicação prática destas ferramentas, evidenciando o estado de prontidão de Pedro para assumir desafios ainda maiores na organização. O amadurecimento da liderança em Pedro se evidencia pelo exercício da liderança em um escopo superior aos limites da subordinação direta. Ele percebe a necessidade de agir como líder corporativo e não se omite de fazê-lo. Com isso, reforça o reconhecimento de sua liderança e se faz percebido como um profissional que está pronto para conduzir macro-objetivos da organização, atuando como agente de mudança e agente de influência sobre as equipes, conduzindo-as direta ou indiretamente para o sucesso e para o alcance dos objetivos estratégicos.

Foi um raro prazer conduzir os personagens ao longo da história fictícia da Embatec. A construção da história e a condução dos personagens trouxeram também para nós, autoras, um grande aprendizado. Vê-los descobrir o conhecimento e fortalecer suas condutas em conformidade com os princípios de liderança nos fez refletir sobre muitas experiências que vivenciamos na vida real. Aprendemos muito com esta gratificante experiência e esperamos que você também tenha encontrado, na leitura deste livro, oportunidades para refletir sobre a prática da gestão e da liderança, bem como para construir novos aprendizados.

Referências

BENNIS, Warren; NANUS, Burt. *Líderes*: estratégias para assumir a verdadeira liderança. São Paulo: Harbra, 1988.

BOOG, Gustavo. *Manual de treinamento e desenvolvimento da ABTD*. São Paulo: Makron Books, 2001.

BRASSARD, Michael. *Qualidade*: ferramentas para a melhoria contínua. Rio de Janeiro: Qualitymark, 1991.

CANFIELD, Jack et al. *Histórias para aquecer o coração 2*. Rio de Janeiro: Sextante, 2002.

CARBONE, Pedro Paulo et al. *Gestão por competências e gestão do conhecimento*. Rio de Janeiro: FGV, 2005.

CARVALHAL, Eugenio; FERREIRA, Geraldo. *Ciclo de vida das organizações*. 4. ed. Rio de Janeiro: FGV, 2000.

CAVALCANTI, Vera Lucia et al. *Liderança e motivação*. 2. ed. Rio de Janeiro: FGV, 2006.

CORTELLA, Mario Sergio. *Qual é a sua obra?* 7. ed. Petrópolis: Vozes, 2009.

COVEY, Stephen R. *Os 7 hábitos das pessoas altamente eficazes*. São Paulo: Best Seller, 2000.

DUTRA, Joel S. *Competências*: conceitos e instrumentos para a gestão de pessoas na empresa moderna. São Paulo: Atlas, 2004.

KOUSES, J. M.; POSNER, B. Z. *O desafio da liderança*. 2. ed. Rio de Janeiro: Campus, 1997.

LEIDER, Richard J. A suprema tarefa da liderança: a autoliderança. In: HELSSELBEIN, Frances; GOLDSMITH, Marshall; BECKCHARD, Richard (Orgs.). *O líder do futuro*. São Paulo: Futura, 1996.

MACEDO, Ivanildo et al. *Aspectos comportamentais da gestão de pessoas*. 9. ed. Rio de Janeiro: FGV, 2007.

MASLOW, Abraham. *Motivación y personalidad*. Barcelona: Sagitario, 1954.

MENDONÇA, Márcia C. F. *Retenção de talentos por meio de reconhecimento e recompensa*. 2002. Dissertação (Mestrado) – Ebape/FGV, Rio de Janeiro, 2002.

MOTTA, Paulo Roberto. *Gestão contemporânea*: a ciência e a arte de ser dirigente. 3. ed. Rio de Janeiro: Record, 1993.

MORIM, Antonio Carlos et al. *Laboratório de habilidades gerenciais*. São Paulo: Nobel, 1998.

NOVO, Damaris et al. *Liderança de equipes*. Rio de Janeiro: FGV, 2008.

PIERACCIANI, Valter. *Usina de inovações*. São Paulo: Canal Certo, 2008.

PRUZAK, L; DAVENPOR, T. H. Quem são os gurus dos gurus? *Harvard Business Review*, v. 81, n. 12, p. 6-8, dez. 2003.

SENGE, Peter M. *A quinta disciplina*. São Paulo: Best Seller, 1990.

SILVEIRA, Nara L. P.; BASTIAS, Ana Del Carmem P. *Desafios e oportunidades*: o verdadeiro papel do líder. Porto Alegre: Sebrae-RS, 2003.

TAKASHINA, Newton Tadachi; FLORES, Mario Cesar Xavier. *Indicadores da qualidade e do desempenho*: como estabelecer metas e medir resultados. Rio de Janeiro: Qualitymark, 1996.

TENÓRIO, Fernando G. (Org.). *Responsabilidade social empresarial*: teoria e práticas. Rio de Janeiro: FGV, 2004.

VERGARA, Sylvia C. A liderança aprendida. *GV Executivo*, São Paulo, FGV, v. 6, n. 1, p. 61-65, jan./fev. 2007.

______. *Gestão de pessoas*. 8. ed. São Paulo: Atlas, 2009.

WEIL, Pierre. *O corpo fala*: a linguagem silenciosa da comunicação não verbal. Petrópolis: Vozes, 1986.

As autoras

Márcia Furtado de Mendonça

Mestre em gestão empresarial (Ebape/FGV); MBA em gestão empresarial (Coppead/UFRJ); pós-graduada em psicologia do trabalho (Isop/FGV); graduada em psicologia (UFRJ) e em administração (Centro Universitário Metodista Bennett). Trinta anos de experiência em gestão de pessoas, atuando em empresas privadas e em estatal de grande porte. Diretora da ABRH/RJ (1989-91). Professora convidada da FGV desde 1982 em cursos de MBA, especialização e extensão. Autora de aulas FGV Online. Instrutora e consultora de empresas. Coautora do livro *Atração e seleção de pessoas* (2005).

Damáris Vieira Novo

Mestre em administração pública e de empresas (Ebape/FGV), pós-graduada em psicologia do trabalho (Isop/FGV), especialista em dinâmica de grupo pela International Association of Group Psychotherapy (Sobrap). Qualificada em educação pelo Kibbutz Chain – International Education Systems, Jerusalém, com bolsa do governo de Israel. Psicóloga e licenciada em filosofia pela Uerj. Sua experiência profissional inclui cargos de docência e coordenação no Senac-RJ, docência em cursos de graduação e pós-graduação em administração e psicologia, consultoria a organizações públicas e privadas, orientação profissional e de carreira. Consultora da FGV Projetos e professora da FGV desde 1987 em cursos de MBA e extensão. Palestrante em congressos nacionais e internacionais. Coautora do livro *Liderança de equipes* (2008).

Rosangela de Carvalho

Psicóloga. Consultora especializada em desenvolvimento humano, implantação e aplicação de processos e projetos na área de gestão de pessoas. Professora convidada do Cademp/FGV. Consultora da FGV Projetos em trabalhos de gestão estratégica de pessoas. Mais de 20 anos de experiência profissional em gestão de desenvolvimento humano e desenvolvimento estratégico organizacional, com atuação em âmbito nacional. Instrutora de treinamento em organizações públicas e privadas. Palestrante em seminários e outros eventos.

Este livro foi impresso nas oficinas gráficas da Editora Vozes Ltda.,
Rua Frei Luís, 100 – Petrópolis, RJ.